Scriptor Praxis

ALEXANDRA BIEGLER

Gemeinsam gegen Unterrichtsstörungen

Ein neues Präventions-Konzept

Kopiervorlagen auch online

SCRIPTOR

Die Autorin

Alexandra Biegler ist als Oberstudienrätin an einer Kooperativen Gesamtschule in Darmstadt für den Gymnasial- und Realschulzweig verantwortlich. Sie studierte die Fächer Deutsch und Erdkunde für das Lehramt an Gymnasien, unterrichtet seit Jahren auch fachfremd Politikwissenschaft, Geschichte und Biologie und übte stets Klassenleiterfunktion aus. Sie promoviert an der Johannes Gutenberg-Universität Mainz im Fachbereich Erziehungswissenschaften.

Projektleitung: Dorothee Weylandt, Berlin
Redaktion: Birgit Zander, Dortmund
Umschlaggestaltung: Kerstin Zipfel, München
Umschlagfoto: © contrastwerkstatt – Fotolia.com
Layout/technische Umsetzung: Ludger Stallmeister, Wuppertal

www.cornelsen.de

Die Links zu externen Webseiten Dritter, die in diesem Titel angegeben sind, wurden vor Drucklegung sorgfältig auf ihre Aktualität geprüft. Der Verlag übernimmt keine Gewähr für die Aktualität und den Inhalt dieser Seiten oder solcher, die mit ihnen verlinkt sind.

1. Auflage 2013

© 2013 Cornelsen Schulverlage GmbH, Berlin

Druck: CPI – Clausen & Bosse, Leck

ISBN 978-3-589-16224-6

 Inhalt gedruckt auf säurefreiem Papier aus nachhaltiger Forstwirtschaft.

Inhalt

Einleitung 5

1   Unterrichtsstörungen 9
1.1   Ursachen der Unterrichtsstörungen 16
1.2   Der schwierige Schüler 18
1.3   Fallbeispiele 20

2   Beziehungsebenen 22
2.1   Lehrer-Schülerverhältnis 24
2.2   Lehrer-Elternverhältnis 28
2.3   Lehrerpersönlichkeit – Die Rolle des Lehrers 32

3   Ausgangslage einer Klasse 33
3.1   Soziometrischer Test 34
3.2   Klassenklima 40
3.2.1 Definitionen 44
3.2.2 Definitionen der Schüler 44
3.3   Faktoren, die für das Klassenklima wesentlich sind 46
3.3.1 Schüler 47
3.3.2 Lehrer 50
3.3.3 Klasse 51
3.3.4 Schule 53
3.4   Sozialverhalten bei positivem Klassenklima 54
3.5   Auswirkungen des Klassenklimas 58

4   Eigenverantwortung ohne zu überfordern 60
4.1   Klassendienste 63
4.2   Ziele zeigen/geben – Die Klasse zum Team machen 64
4.3   Freude-/Kummerkasten 69
4.4   Klassenratsstunden 71
4.5   Wandertage/Klassenfahrten 72

5   Methoden zur Regulierung der Gruppe/Klasse 75
5.1   Konsequenzen bei Regelverstößen 76
5.2   Klatschen 79

5.3	Lärmampel	80
5.4	Trillerpfeife	82
5.5	Plus-/Minus- Liste	82
5.6	Sitzordnung	83
5.7	Gruppenarbeit	92
5.8	Teamtage	97
6	**Auf dem Weg zur Selbstregulation**	102
6.1	Regulation durch Mitschüler	103
6.2	Regulation durch die Klasse	109
6.3	Alle für einen – einer für alle	113
6.4	Regulation und Verantwortung von und für sich selbst	114
6.5	Anforderungen an Lehrer	117
7	**Exkurs Cybermobbing**	121
7.1	Mobbing/Cybermobbing vs. Bullying/Cyberbullying	123
7.1.1	Die Kommunikationskanäle	124
7.1.2	Der Personenkreis	124
7.1.3	Verschiedene Erscheinungsformen	126
7.1.4	Die Folgen	127
7.1.5	Tipps zur Prävention	127
8	**Nachwort**	133
	Literatur	135
	Register	140

Danksagung
An dieser Stelle möchte ich mich bei den Menschen bedanken, die mich dazu angeregt und unterstützt haben, dieses Buch zu schreiben. Mein Dank gilt vor allem meiner Familie, besonders meiner Oma, meiner Mutter, meinem Sohn Lars, meinem Mann Merlin, meinem besten Freund Karsten und meinem ehemaligen, leider bereits 2010 verstorbenen, Univ.-Prof. Dr. Fritz-Ulrich Kolbe, der mir stets sagte, dass ich für jedes Problem eine Lösung finden werde.

Einleitung

Sucht man im Internet nach dem Stichwort Unterrichtsstörungen, so erhält man dazu mittlerweile mehr als 75.000 Einträge und die Tendenz ist steigend. Es gibt viele Tipps im Umgang mit Unterrichtsstörungen, aber fast alle setzen ein Selbstkonzept des Schülers voraus. Der Schüler hat dabei bereits ein Selbstbild von sich, eigene Ziele für sein Leben, eigene Vorstellungen vom Unterricht und er besitzt eine für sein Alter angemessene Sozialkompetenz, d.h. er weiß in welcher Situation man sich wie verhalten sollte. Das ist bei unserer heutigen Schülerschaft jedoch nicht unbedingt der Fall, eher im Gegenteil. So sind Unterrichtsstörungen an der Tagesordnung und viele Lehrer resignieren oder sind der Meinung, dass früher alles besser war. Doch ist das wirklich wahr? Unterrichtsstörungen gab es immerhin schon zu allen Zeiten, genau wie Schulreformen.

So komme ich auf die Frage: Wieso wollte ich Lehrerin werden und bin es, entgegen allen schlechten Einstellungschancen, die damals prognostiziert wurden, geworden? Ich wollte schon immer etwas an Schule verändern, weil ich meine Schulzeit nicht unbedingt optimal fand. Zurückblickend erinnere ich mich an meine ersten beiden Schuljahre, in denen ich nichts gelernt habe, weil wir mehr auf dem Spielplatz als im Schulgebäude waren, sowie an die 3. und 4. Klasse mit einer Lehrerin, die von Beginn an ihre „Lieblinge" hatte und im Unterricht meines Erachtens nach sehr unfair wirkte. Ich erinnere mich weiter an eine Zeit in der Unterstufe, in der unsere Klasse als lauteste und schlechteste galt und an eine Mittelstufenzeit mit einem cholerisch schreienden Mathelehrer, bei dem sich vor Angst keiner mehr meldete. In der Oberstufe war man dann froh, dass man es endlich bald geschafft hatte. Aber es gab auch eine Zeit vor der Schule, in der man sich eigentlich auf die Schule gefreut hatte. Man hatte eine Vorstellung von Schule, ähnlich wie Oscar Wilde, der meinte, die Schule müsse der schönste Ort auf der Welt sein. So schön, dass es eine Strafe sein müsse nicht zur Schule gehen zu dürfen. Das ist für unsere heutige Schülerschaft größtenteils bestimmt nicht die Realität und war diese wohl auch nie. Man kann dies gut an den häufigen Fehlzeiten der Schüler erkennen.

Welche Vorstellungen und Erwartungen haben die Schüler heutzutage überhaupt von der Schule und wieso gibt es so viele Probleme im Unterricht? War früher wirklich alles besser oder haben sich die Probleme einfach nur verlagert?

Ich hatte immer die Vision, eine perfekte Schule zu gestalten, in die jeder gerne geht und am Ende des Schulbesuchs aus den Kindern Erwachsene geworden sind, die selbst die Welt verbessern wollen. Doch nach meinem

Referendariat kam ich an eine Gesamtschule und alles war anders. Wollten die Schüler hier wirklich etwas lernen? Wieso kamen sie überhaupt zur Schule, so wie sie sich benahmen? Wohl nur wegen der Schulpflicht, denn Unterricht interessierte hier nur den kleinsten Teil der Klasse. Verkehrte Welt, dachte ich. Jetzt waren nicht mehr die Lehrer das Problem, wie ich es früher aus meiner eigenen Schülersicht wahrgenommen hatte, sondern die Schüler, die nicht die geringsten Grundlagen für ein soziales Miteinander von zu Hause aus mitbrachten. Bisher hatte ich Kenntnisse vom Umsetzen und Einhalten der Lehrpläne, Didaktik und Methodik im Unterricht und Unterrichtskonzepten, aber nicht von Erziehungsmaßnahmen, vor allem bei so gravierenden Erziehungs- und Disziplinproblemen, wie sie sich an meiner neuen Schule darstellten. So etwas kannte ich auch aus meiner eigenen Schulzeit nicht.

Ich unterrichtete eine Klasse mit 30 Schülern, in der nicht einer, sondern scheinbar alle störten, in der man keinen Anfang fand und trotz allen guten Willens hilflos, überfordert und auch todunglücklich über die Situation war, weil man eigentlich etwas ganz anderes gewollt hatte. Ein stellvertretender Schulleiter, der einem dann noch sagt: „Sie wachsen mit ihren Aufgaben", aber einem ansonsten keine Hilfe geben kann und Kollegen, die einem vermitteln, dass alles nur an einem selbst liegt und somit ihre eigene Hilflosigkeit verbergen. Ein Kollegium, dessen Gesundheitszustand so schlecht ist, dass hohe Fehlzeiten, teilweise von einem halben Jahr bis Jahr, normal sind. Das schreit nach Veränderung. Veränderung gegenüber der Einstellung des Lehrerberufs: für was bin ich als Lehrer zuständig? Veränderung der einzelnen Schüler innerhalb der Klasse: Wie erlangen sie eine Sozialkompetenz, d. h. wie gelangen sie zur Fähigkeit, für sozial und gesellschaftlich relevante Sach- und Sozialbereiche urteils- und handlungsfähig zu werden?

Der Anfang von allem liegt bei der Veränderung des einzelnen Menschen. Dazu ist es notwendig, Menschen in ihrem Inneren zu berühren. Wie schafft man dies? Bestimmt nicht durch Kälte und Härte, aber auch nicht durch reines Wohlwollen und sich auf der Nase herumtanzen zu lassen. Schüler brauchen Vorbilder, möchten erfahren, dass man sich für sie als Mensch interessiert. Dies bedeutet aber auch Grenzen zu setzen und vor allem sich um sie zu kümmern, jedoch nicht Gleichgültigkeit ausüben und alles durchgehen zu lassen. Zudem spielt die Klasse als Gemeinschaft eine ganz entscheidende Rolle, denn wenn diese ein funktionierendes Gefüge bildet, kann man sich als Lehrer irgendwann immer mehr zurücknehmen und die Schüler schaffen es von ganz alleine, sich bei Störungen selbst zu regulieren. Ich bin stolz darauf, meine damalige Klasse letztendlich so weit gebracht zu haben, dass sie für sich selbst Verantwortung übernommen hat, sodass Unterricht möglich war und die Schüler am Ende sogar Spaß daran hatten. Diese Erfahrung möchte ich als Mutmacher an andere Lehrer weitergeben. Die Welt verändern heißt im Kleinen, also bei jedem Einzelnen zu beginnen und dazu soll das Buch Anregungen liefern.

Zum Aufbau des Buches

Ziel des Buches ist es, Lehrern Anregungen zu geben, damit Unterrichtsstörungen im Grunde von vornherein möglichst vermieden werden können.

In **Kapitel 1** soll ein Verständnis dafür aufkommen, was Schüler selbst als Unterrichtsstörungen erleben und worin heutzutage die Hauptursachen für Unterrichtsstörungen liegen. Dabei stellt sich die Frage, ob es überhaupt einen schwierigen Schüler gibt oder ob sich die Problematik nur durch ein Wirkungsgefüge ergibt, welches durchbrochen werden muss. An einigen Fallbeispielen werden die Problematiken noch einmal verdeutlicht.

In **Kapitel 2** werden die verschiedenen Beziehungsebenen zwischen Lehrer und Schüler sowie Lehrer und Eltern erläutert. Es wird erklärt, welche Beziehungsebenen bestehen und es werden Tipps gegeben, wie eine positive Beziehung zwischen den verschiedenen Parteien entstehen kann und inwieweit eine emotionale Bindung zwischen Schüler und Lehrer notwendig ist, um das Verhalten verändern zu können.

Kapitel 3 thematisiert die Ausgangslage einer 5. Klasse und verdeutlicht wie wesentlich die ersten Tage und Wochen für den Zusammenhalt und das Klassenklima der nächsten Jahre sind. Die Schüler sollen so sozialisiert werden, damit ein respektvoller Umgang mit dem gesamten Schulpersonal möglich ist, damit eine feste Struktur in der Klasse entsteht und sich die Klasse untereinander auch so gut versteht, dass Gruppenarbeit, Rollenspiele, Lernzirkel u. a. möglich sind.

Es soll nicht alles vom Lehrer abhängen, sondern die Schüler sollen zu einer Selbstkompetenz geführt werden, also dazu befähigt werden, verantwortungsbewusst für sich selbst zu handeln. Letztendlich sollen sie soweit die Verantwortung für sich selbst übernehmen, um sich selbstständig regulieren zu können und am Ende auch ihre Mitschüler. Dies funktioniert allerdings nur durch die systematische Zusammenführung und methodische Stärkung der gesamten Klasse, um eine positive Gruppendynamik zu erzielen, wie **Kapitel 4** zeigt.

Methoden zur Regulation der gesamten Klasse enthält **Kapitel 5**, wobei hierauf zu achten ist, dass die Methode zur Klasse passt und vor allem auch von der Klasse anerkannt ist, denn nur dann wird die Klasse die Methode übernehmen und sich damit bei Störungen selbst regulieren. Die Methode muss zudem nicht nur zur Klasse passen, auch der Lehrer muss sich damit wohlfühlen und identifizieren können, um authentisch zu wirken und ernst genommen zu werden.

Kapitel 6 befasst sich mit der ausschließlichen Selbstregulation, die zwar vom Lehrer initiiert wurde, jetzt aber von den Schülern innerhalb der Klassengemeinschaft selbst ausgeführt werden kann, sodass der Lehrer sich zurücknehmen kann und die Schüler zur Selbstreflexion und zur Mündigkeit gegenüber sich selbst und ihren Mitschülern fähig sind. Kapitel 6 verdeutlicht zudem auch den Unterschied zu den meisten anderen Werken, die zum Thema Unterrichtsstörungen veröffentlicht wurden, denn dort sollen die Schüler für den Unterricht qualifiziert werden, ohne dass eine wirkliche Selbstreflexion stattgefunden hat. Zudem werden Grundlagen des Sozialverhaltens vorausgesetzt, die aber teilweise gar nicht existieren. Die Regulation von Störungen obliegt nach Aussage der meisten Autoren ganz alleine dem Lehrer, der einzelne Impulse geben und Methoden verwenden soll, die nicht aufeinander aufbauen und sich nicht logisch ergänzen oder nicht gezielt auf die jeweilige Klasse zugeschnitten sind. Meistens werden dabei die Schüler auch überfordert, weil ihre moralischen Entwicklungsstadien (vgl. KOHLBERG 1995, TILLMANN 2004) keine Beachtung finden.

Letztendlich führt der Exkurs Cybermobbing in **Kapitel 7** in die Thematik dieses neuen Problems ein, das immer mehr Einzug in das Schulleben hält und eine Klassengemeinschaft ganz wesentlich beeinträchtigen kann. Im Kapitel wird ein Grundlagenwissen über soziale Netzwerke, die Begriffe, die mit dem Thema Cybermobbing zusammenhängen und über Möglichkeiten einer frühzeitigen Prävention gegeben.

Das Fazit im Nachwort **(Kapitel 8)** wird einen Ausblick auf die Anforderungen der Lehrer in naher Zukunft geben, den Sinn verdeutlichen, den Schule erfüllen sollte und das Ziel aufzeigen, das jede Schule für Schüler haben sollte.

Aus Gründen der besseren Lesbarkeit wird in diesem Buch durchgehend die männliche grammatische Form verwendet. Natürlich sind damit auch immer Frauen und Mädchen gemeint, also Lehrerinnen, Schülerinnen usw.

Webcode: Sie können die Kopiervorlagen aus dem Internet als pdf-Datei herunterladen. Sie finden dazu eine Zahlenkombination jeweils unten auf der Buchseite. Geben Sie diese unter www.cornelsen.de/webcodes ein.
Achten Sie bitte darauf, dass beim Ausdrucken bei Seitenanpassung „In Druckbereich einpassen" aktiviert ist, damit Sie eine DIN-A4-Seite bekommen.

Unterrichtsstörungen

Spricht man über Unterrichtsstörungen, so sollte zunächst die Frage geklärt werden wie man diese definiert. In der Fachliteratur gibt es eine Vielzahl von Definitionen, die den Begriff der Unterrichtsstörung mehr oder weniger genau erklären. Gert Lohmann definiert Unterrichtsstörungen als „Ereignisse, die den Lehr-Lern-Prozess beeinträchtigen, unterbrechen oder unmöglich machen, indem sie die Voraussetzungen, unter denen Lehren und Lernen erst stattfinden kann, teilweise oder ganz außer Kraft setzen." (LOHMANN 2009, S. 14). Clemens Hillenbrand erweitert den Begriff mit dem Terminus der Verhaltensstörung, denn „im unterrichtlichen Rahmen treten Verhaltensstörungen dann als Störungen des Unterrichts auf" (vgl. HIILLEN-BRAND 2011, S. 26). Zudem verweist Hillenbrand auf die Definition von Winkel: „Eine Unterrichtsstörung liegt dann vor, wenn der Unterricht gestört ist, d. h. wenn das Lehren und Lernen stockt, aufhört, pervertiert, unerträglich oder inhuman wird" (HILLENBRAND 2011, S. 27).

Es bestehen noch viele weitere Definitionen, aber alle Definitionen gründen letztlich auf der Wortzusammensetzung des Begriffes der Unterrichtsstörung, denn es handelt sich schlicht und ergreifend um Störungen des Unterrichts. Wichtig ist, dass man sich als Lehrer selbst bewusst werden muss, was Unterrichtsstörungen sind und was nicht. Für manche Kollegen ist das Trinken im Unterricht bereits eine Störung, andere lassen dies zu oder fördern es. „Lehrer und Schüler sind je von einer Frustrationsschwelle oder Störungsschwelle umgeben .... Wird sie überschritten, dann kann der Verursacher als Störfaktor bezeichnet werden." (BILLER 1979, S. 25).

Definition von Unterrichtsstörungen

Die Störungen gehen meistens von Schülern aus, können aber auch von Lehrern verursacht werden „oder von außen hereingetragen werden" wie Lohmann feststellt (vgl. LOHMANN 2009, S. 14). Bleiben wir zunächst bei den Störungen, die von Schülerseite ausgehen. Welche Störungen fallen Ihnen spontan ein, wenn Sie an Störungen, verursacht durch Schüler, in Ihrem Unterricht denken? Schreiben Sie Ihre drei Favoriten auf:

1. _____

2. _____

3. _____

Zu den häufigsten Störungen zählen wohl in die Klasse hineinrufen und mit dem Nachbarn schwätzen. Was an Unterrichtsstörungen letztendlich wahrgenommen wird, ist sehr subjektiv und hängt von der Frustrationsschwelle, wie es Karlheinz Biller nennt, und von der Klasse ab. In Klassen, die ohnehin sehr lautstark und unruhig sind, werden kleinere Störungen weniger wahrgenommen als in Klassen, die einen geringen Lärmpegel haben.

Biller bemerkt, dass „ jede Unterrichtssituation der Gefahr der Störung ausgesetzt ist."

> *„Eine Unterbrechung von Unterrichtssituationen kann individuell unterschiedlich als ‚Störung' bemerkt und in dem Grad ihrer Störung unterschiedlich eingeschätzt werden. Die Existenz von ‚Störungen' ist von den Einschätzungen durch die beteiligten Lehrer und Schüler abhängig".* (BILLER 1979, S. 28)

Walter Kowalczyk und Winfried Deister stellen fest, dass sich „die Klagen über schwierige Schüler, unruhige Klassen und gestörten Unterricht häufen" und fragen sich: „Wann aber bezeichnen wir einen Schüler als gestört? Ist der Jugendliche selbst gestört oder gilt dies vielmehr für die Beziehung zwischen ihm und seinem Lehrer? Möglicherweise reagiert der Lehrer ja auch besonders empfindlich auf bestimmte Verhaltensweisen eines Schülers?" (KOWALCZYK und DEISTER 2009, S. 9).

„Die Feststellung einer Störung setzt in jedem Fall einen Normalitätsbegriff voraus, der sich in der Regel an einem festgelegten Durchschnittswert orientiert" (KOWALCZYK und DEISTER 2009, S. 9). Jeder Kollege muss diesen Durchschnittswert für sich selbst festlegen und auch den Normalitätsbegriff für sich festsetzen. Auch Gustav Keller sagt, dass „eine objektive Definition dessen, was als Unterrichtsstörung bezeichnet werden kann" nicht immer möglich sei. „Ob der Unterricht jetzt gerade gestört wird, hängt natürlich auch von der Situationsauffassung und Bewertung des Lehrers ab" (KELLER 2010, S. 21).

Wenn die Wahrnehmung von Störungen so subjektiv ist, dann fällt es der heutigen Schülerschaft mit Sicherheit nicht leicht, sich gerade der eigenen Störungen bewusst zu werden. Deshalb ist es wichtig, mit den Schülern die Störungen zu thematisieren und Fehlverhalten klar aufzuzeigen. Dazu ist es notwendig, zunächst selbst einen Überblick über die verschiedenen Kategorien zu erhalten, in die Störungen eingeteilt werden können. Keller teilt die Störfaktoren in sechs große Kategorien mit Beispielen dazu ein:

Akustische Störungen
- *Schwätzen mit dem Banknachbarn*
- *Zwischenrufe*
- *Summen, Singen*
- *Schreien, Grölen*
- *Handy*
- *Uhrenalarm*

Motorische Störungen
- *Schaukeln*
- *Zappeln*
- *mit Arbeitsmaterialien spielen*
- *mit dem Stuhl kippeln*
- *Herumlaufen*

Aggressionen
- *Mitschüler verbal provozieren*
- *Mitschüler körperlich angreifen*
- *fremde Sachen wegnehmen*
- *Sachen beschädigen, zerstören*
- *Wutausbruch*
- *Lehrer verbal angreifen*
- *Lehrer körperlich angreifen*

Geistige Abwesenheit
- *stofffremde Arbeiten erledigen*
- *zum Fenster hinausschauen*
- *Tagträumen*
- *Schlafen*

Verweigerung
- *fehlende Unterrichtsmaterialien*
- *unerledigte Arbeitsaufträge*
- *fehlende Hausaufgaben*
- *Mitarbeitsverweigerung*
- *Zuspätkommen*

Verstöße gegen die Hausordnung
- *Essen*
- *Trinken*
- *Beschmutzen*

(KELLER 2010, S. 21 ff.)

Auch Christa Schäfer nimmt eine Einteilung in ähnliche Kategorien vor, die allerdings noch den „Umgang mit dem Arbeitsmaterial – Unachtsamkeit, Vergessen, Verlieren […] und „Sozial bedingte Störungen – Ichbezogenheit, Aggression gegenüber sich selbst und gegenüber anderen" (SCHÄFER 2006, S. 83) und „Organisatorisch bedingte Störungen – Klassengeschäfte" (SCHÄFER 2006, S. 191) und „Störungen durch Nebentätigkeiten – Briefe, Schülerkalender, eigene Unterrichtsinhalte; Störungen durch Verweigerung bzw. Abwesenheit – schwänzen" (SCHÄFER 2006, S. 303) ergänzt.

Wichtig ist, dass Schüler für die verschiedenen Störungen, die innerhalb der Klassengemeinschaft auftreten können, sensibilisiert werden. Das heißt, innerhalb einer Klassenleiterstunde sollten die Schüler zunächst eine Rangliste für besonders störend empfundene Zwischenfälle erstellen. Danach sollte über die Möglichkeiten und Arten von Störungen gesprochen werden, denn Schüler nehmen Störungen teilweise völlig anders wahr, als Lehrer oder Eltern dies tun, und so erfolgen manche Störungen ganz unbewusst und damit unabsichtlich. Ein Selbstdiagnosebogen (Kopiervorlage: Mein Selbstdiagnosebogen, S. 15) hilft den Schülern, sich über ihre eigenen Störungen bewusst zu werden. In einem weiteren Schritt sollten die Schüler dazu gebracht werden, die Störungen innerhalb der Klassengemeinschaft wahrzunehmen. Damit Sie als Klassenlehrer ebenfalls den Überblick behalten und vergleichen können, was Sie und was Schüler als besonders störend empfinden, sollten Sie die Kopiervorlage „Unterrichtsstörungen" am Ende jeder Stunde ausfüllen. Innerhalb der Klassenratsstunden sollten die Arbeitsblätter dann immer wieder mit der gesamten Klasse ausgewertet und besprochen werden. Am Anfang sollen die Schüler Störungen bei sich selbst suchen und danach erst bei ihren Mitschülern. Um den Schüler in seiner Objektivität zu sensibilisieren, ist die Einhaltung dieser Reihenfolge wichtig, da Schüler kritischer mit dem Verhalten ihrer Mitschülern umgehen als mit ihrem eigenen. Sie als Klassenlehrer können die Klasse am besten einschätzen und müssen darauf achten, dass die Gespräche fair bleiben und nicht dazu genutzt werden, um einen Schüler bloß zu stellen oder zu mobben. Als Kontrollinstrument dient Ihnen dazu Ihr ausgefülltes Arbeitsblatt Die Praxis hat gezeigt, dass sich viele kleine Störungen bereits ganz schnell beheben lassen, wenn Schüler nach der geschilderten Methode für Störungen sensibilisiert wurden.

Unterrichtsstörungen

Lehrerarbeitsblatt **Störungen der Klasse:**

Name	Akustische Störungen								Motorische Störungen				Sozial bedingte Störungen			
	Selbstgespräche	Einzelgespräche mit dem Lehrer	Kommentare	Reaktionen auf Mitschüler	Gespräche mit anderen	Lautäußerungen	Zwischenrufe		Hyperaktivität	Schaukeln/ Stuhlkippeln	Mit Arbeitsmaterial spielen	Herumlaufen	Provokationen/ Beleidigungen/ Drohungen	körperliche Angriffe	Fremde Sachen wegnehmen	Sachen beschädigen, zerstören

Unterrichtsstörungen

						Organisatorisch bedingte Störungen		Umgang mit Arbeitsmaterial			Störungen durch Nebentätigkeiten							
Wutausbrüche/ Aggressionen	Lehrer verbal angreifen	Lehrer körperlich angreifen	Ichbezogenheit	Respektlosigkeit	Zuspätkommen	Klassengeschäfte (Unterschriften, Hausaufgaben, Material, Klassenkasse, Wandertag, ...)	Unachtsamkeit	Vergessen	Verlieren	Briefe	Schülerkalender	Eigene Unterrichtsinhalte	Arbeitsverweigerung, Schwänzen	Geistig: lesen, träumen, zum Fenster hinaus schauen, tagträumen, schlafen, stoffremde Arbeiten erledigen	Fehlende Hausaufgaben	Desinteresse

The table body consists of repeated empty rows, each cell divided into "Std." (Stunde) and "Fach:" fields.

Kopiervorlage

Mein Selbstdiagnosebogen

Schülerarbeitsblatt   Name: ___   Meine Störungen im Unterricht vom ___ bis ___

Störung	Montag	Dienstag	Mittwoch	Donnerstag	Freitag
Akustische Störungen	Std: / Fach:	Std: / Fach:	Std: / Fach:	Std: / Fach:	Std: / Fach:
	Std: / Fach:	Std: / Fach:	Std: / Fach:	Std: / Fach:	Std: / Fach:
	Std: / Fach:	Std: / Fach:	Std: / Fach:	Std: / Fach:	Std: / Fach:
	Std: / Fach:	Std: / Fach:	Std: / Fach:	Std: / Fach:	Std: / Fach:
	Std: / Fach:	Std: / Fach:	Std: / Fach:	Std: / Fach:	Std: / Fach:
	Std: / Fach:	Std: / Fach:	Std: / Fach:	Std: / Fach:	Std: / Fach:
Motorische Störungen	Std: / Fach:	Std: / Fach:	Std: / Fach:	Std: / Fach:	Std: / Fach:
	Std: / Fach:	Std: / Fach:	Std: / Fach:	Std: / Fach:	Std: / Fach:
	Std: / Fach:	Std: / Fach:	Std: / Fach:	Std: / Fach:	Std: / Fach:
	Std: / Fach:	Std: / Fach:	Std: / Fach:	Std: / Fach:	Std: / Fach:
Sozial bedingte Störungen	Std: / Fach:	Std: / Fach:	Std: / Fach:	Std: / Fach:	Std: / Fach:
	Std: / Fach:	Std: / Fach:	Std: / Fach:	Std: / Fach:	Std: / Fach:
	Std: / Fach:	Std: / Fach:	Std: / Fach:	Std: / Fach:	Std: / Fach:
	Std: / Fach:	Std: / Fach:	Std: / Fach:	Std: / Fach:	Std: / Fach:
	Std: / Fach:	Std: / Fach:	Std: / Fach:	Std: / Fach:	Std: / Fach:
Organisatorisch bedingte Störungen	Std: / Fach:	Std: / Fach:	Std: / Fach:	Std: / Fach:	Std: / Fach:
	Std: / Fach:	Std: / Fach:	Std: / Fach:	Std: / Fach:	Std: / Fach:
	Std: / Fach:	Std: / Fach:	Std: / Fach:	Std: / Fach:	Std: / Fach:
	Std: / Fach:	Std: / Fach:	Std: / Fach:	Std: / Fach:	Std: / Fach:
Umgang mit Arbeitsmaterial	Std: / Fach:	Std: / Fach:	Std: / Fach:	Std: / Fach:	Std: / Fach:
	Std: / Fach:	Std: / Fach:	Std: / Fach:	Std: / Fach:	Std: / Fach:
	Std: / Fach:	Std: / Fach:	Std: / Fach:	Std: / Fach:	Std: / Fach:
	Std: / Fach:	Std: / Fach:	Std: / Fach:	Std: / Fach:	Std: / Fach:
Nebentätigkeit	Std: / Fach:	Std: / Fach:	Std: / Fach:	Std: / Fach:	Std: / Fach:
	Std: / Fach:	Std: / Fach:	Std: / Fach:	Std: / Fach:	Std: / Fach:
	Std: / Fach:	Std: / Fach:	Std: / Fach:	Std: / Fach:	Std: / Fach:

1.1 Ursachen der Unterrichtsstörungen

In der Fachliteratur sind sich die Experten, was die Ursachen der Unterrichtsstörungen anbelangt, nicht einig. Während z. B. Hillenbrand anmerkt, „dass Störungen des Unterrichts alltäglich sind" und „ihre Verursachung [...] häufig nicht zu klären" ist (HILLENBRAND 2011, S. 27) und „die Ursachen für Störungen im Unterricht [...] nicht klar umgrenzt und somit auch nicht einfach zu beheben" seien (HILLENBRAND 2011, S. 76) gehen andere Autoren, wie Keller, davon aus, dass die Ursachen von Unterrichtsstörungen mit verschiedenen Erklärungsansätzen, wie Entwicklungsverletzungen, aktuelle Entwicklungskrisen (Pubertät), neurobiologische Störungen, aktuelle Familienprobleme, familiäre Erziehungsfehler, schulische Fehler oder gesellschaftlichen Einflüssen zu begründen sind (vgl. KELLER 2010, S. 29 ff.).

Kowalczyk und Deister sind der Auffassung, dass man sich bewusst sein sollte, „dass auffälliges Verhalten immer auch Appell- bzw. Signalcharakter hat und auf verschiedene Ursachen hinweisen kann, z. B.: „Der Schüler

Ursachen von Unterrichtsstörungen

- hat Lernschwierigkeiten.
- will der Lehrerin ‚eins auswischen'.
- kommt aus einer zerrütteten Familie.
- braucht besondere Zuwendung.
- braucht rasche Disziplinierung.
- hat unzureichende soziale Fähigkeiten.
- ist vom Unterricht gelangweilt".

(KOWALCZYK und DEISTER, 2009, S. 9)

Diese und weitere Ursachen können auch in Kombination auftreten und durch individuelle physische oder psychische Probleme des Schülers noch verstärkt werden. Ein komplexes Ursachengefüge ist für den Lehrer immer schwerer erkennbar als eine einzelne Ursachen (vgl. KOWACZYK und DEISTER 2009, S. 9 f.).

Achtung bei der Ursachenforschung

Während der Ursachenforschung läuft der Lehrer leicht Gefahr, die Störungen nahezu ausschließlich als unangemessenes Schülerverhalten zu betrachten und dadurch den Schüler zur alleinigen Ursache der Störung zu sehen und somit zum Problemfall zu erklären. Lohmann gibt zu bedenken, dass das Lehrerverhalten der wichtigste und zugleich am leichtesten zu verändernde Einflussfaktor für die Aufmerksamkeit der Schüler im Unterricht ist (vgl. LOHMANN 2009, S. 16 f.).

Dafür ist es wesentlich, dass Lehrer ihren Unterricht immer von ihren Schülern evaluieren lassen. So können Lehrer direkt auf Kritik reagieren und den Unterricht individuell für ihre Klasse gestalten. Die Schüler können sich mit angemessener Kritik in den Unterricht einbringen und Verbesserungsvorschläge formulieren. Wenn die Schüler ernst genommen werden und bei Planungen einbezogen werden, haben sie auch Spaß am Unterricht. Jedem dürfte allerdings klar sein, dass Unterricht nicht immer Spaß machen kann, sondern es auch Unterrichtsinhalte gibt, die sehr schwer methodisch interessant zu gestalten sind. Darüber wird der Schüler hinwegsehen können, wenn dafür bisher alle anderen Unterrichtsinhalte interessant und ansprechend waren.

Hillenbrand sagt: „Es ist der ‚Wille‘ des Schülers, der ihn zu einem bestimmten Handeln bringt. Verschiedene Bedingungen beeinflussen ihn und führen ihn zu individuellem Verhalten" (HILLENBRAND 2011, S. 76).

„Als Bedingungen, die Einfluss nehmen" verweist Hillenbrand auf Seitz, der eine Reihe von Kriterien thematisiert, u. a. „Die Schulklasse als soziale Gruppe: die Qualität der Gruppe, die Strukturen von Sympathie und Antipathie, Ringen um Macht und Überlegenheit, der soziale Status eines Schülers, die hier herrschenden Normen und der Status des Anführers spielen eine entscheidende Rolle" (HILLENBRAND 2011, S. 76 f.). Deshalb ist es von so großer Bedeutung, die Klasse zu einem Team zu machen, das sich unterstützt und positiv aufeinander wirkt.

Auch Schäfer verweist in ihren Betrachtungen auf verschiedene Subsysteme: Familiensituation, Persönlichkeitsaspekte, Lehrerpersönlichkeit und Unterricht, der sie die Störungen des Unterrichts zuschreibt (vgl. SCHÄFER 2006, S. 84, 192, 304).

Zusammenfassend lässt sich feststellen, dass auch Lehrer für die Situationen von Schülern sensibilisiert werden müssen, damit sie entsprechend der Ursachen handeln können. Lehrer müssen sich für ihre Schüler interessieren, denn das Wichtigste am Unterricht ist letztendlich der Schüler, ohne den Unterricht nicht funktioniert und für den der Unterricht gemacht ist. Das heißt nicht, dass die Situationen von Schülern ihre Störungen entschuldigen sollen. Es geht vielmehr um das Verstehen von Störungen, denn wenn man weiß, dass z. B. Eltern zu Hause nie Hausaufgaben kontrollieren, braucht man sich nicht zu wundern, dass sie nicht gemacht werden und im Unterricht fehlen. Und wenn man weiß, dass der Schüler in der vorhergehenden Stunde eine schlechte Note geschrieben hat, ist es auch verständlich, dass er jetzt vielleicht sorgenvoll vom Nachmittag träumt, anstatt dem aktuellen Unterricht zu folgen. Was verstanden wurde, kann immer geändert werden! Deshalb sind Gespräche, ob einzeln mit den betreffenden

Schülern oder in der Gruppe, auch immer so wichtig und vor allem ergiebig, um Ursachen zu begreifen.

1.2 Der schwierige Schüler

Stellt man sich als Lehrer das Bild vom schwierigen Schüler vor, dann ist es mit Sicherheit ein Schüler, der den Lehrer gerne provoziert, sich keine Anweisungen erteilen lässt, andere Schüler verbal und körperlich attackiert und dem seine schulischen Leistungen völlig gleichgültig sind. Es stellt sich die Frage: Ist dieser Schüler von Anfang an schwierig oder entwickelt er sich erst zu einem schwierigen Schüler?

Wenn man den Wirkungskreis I (Abb. 1, S. 19) betrachtet, erkennt man sehr gut die Zusammenhänge, in die ein Schüler gerät und die sich im Laufe seines Schullebens automatisch verstärken. Gerät ein Schüler einmal in einen solchen Kreislauf und hat keinen Lehrer, der ihn soweit fördert und betreut, damit dieser aus dem Kreislauf ausbrechen kann, sind die Folgen im schlimmsten Fall der Schulverweis und das Beenden der Schule ohne Abschluss.

Der Schüler stört ständig den Unterricht. Es besteht kein Interesse für den Unterricht, d. h. für die Unterrichtsinhalte, die Fragen und Arbeitsanweisungen des Lehrers und die Beiträge der Mitschüler. Der schwierige Schüler möchte sich von den anderen Schülern hervorheben, indem er die Rolle des Klassenclowns einnimmt. Dadurch fällt er auf, erhält Aufmerksamkeit und Zuwendung, wenn auch negativ und kann zeigen, dass er trotz fehlender Leistung der „King" der Klasse ist. Die Erfolgserlebnisse in der Leistungsbeurteilung bleiben aus, weil durch die Störungen kein Lernen möglich ist. Die Eltern reagieren nicht auf Einladungen, die der Problembesprechung dienen oder blockieren eine gemeinsame Zusammenarbeit aus anderen Gründen. Teilweise besitzt der Schüler keine Sozialisation, d. h. er weiß nicht wie er sich innerhalb einer Gemeinschaft oder gegenüber seinen Mitmenschen verhalten soll.

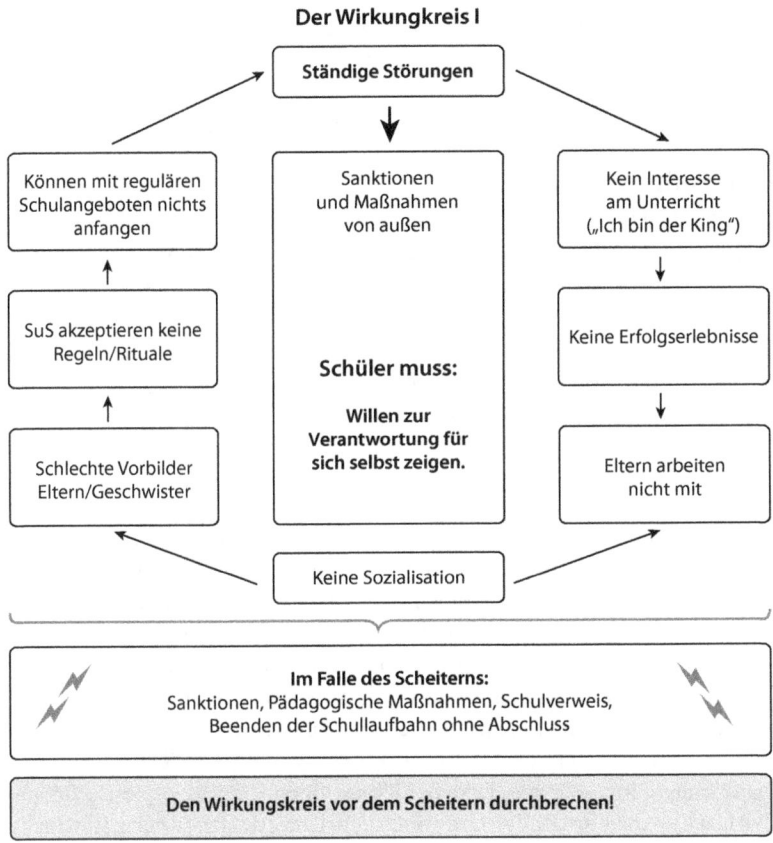

Der Wirkungkreis I

Ständige Störungen

Können mit regulären Schulangeboten nichts anfangen

Sanktionen und Maßnahmen von außen

Kein Interesse am Unterricht („Ich bin der King")

SuS akzeptieren keine Regeln/Rituale

Schüler muss:

Willen zur Verantwortung für sich selbst zeigen.

Keine Erfolgserlebnisse

Schlechte Vorbilder Eltern/Geschwister

Eltern arbeiten nicht mit

Keine Sozialisation

Im Falle des Scheiterns:
Sanktionen, Pädagogische Maßnahmen, Schulverweis, Beenden der Schullaufbahn ohne Abschluss

Den Wirkungskreis vor dem Scheitern durchbrechen!

Abb. 1: Der Wirkungskreis I

Die Eltern und Geschwister sind zu Hause schlechte Vorbilder, weil sie eine ähnliche Schullaufbahn hinter sich haben und nicht fördernd auf den Schüler wirken, indem z. B. das Erledigen der Hausaufgaben nicht kontrolliert wird. Ein Schüler der 5. Klasse sagte mal zu mir: „Es ist mir egal, ob ich schlechte Noten habe, dann lebe ich später von Hartz IV, wie meine Eltern". Durch die fehlende Sozialisation akzeptieren die Schüler keine Regeln und Rituale, die die Schulgemeinschaft prägen und können mit den regulären Schulangeboten (AGS, Hausaufgabenbetreuung etc.) nichts anfangen. Lehrer reagieren auf das Störverhalten in den meisten Fällen mit Sanktionen. Doch hierbei handelt es sich um Maßnahmen von außen. Damit der Schü-

Fehlende Vorbildfunktion

ler wirklich dauerhaft sein Verhalten ändert, muss er den Willen zur Verantwortung für sich selbst übernehmen. Zu dieser Selbstverantwortung gelangt der Schüler im Idealfall mit Unterstützung seiner Lehrer und der Hilfe einer sehr guten Klassengemeinschaft.

1.3 Fallbeispiele

In den folgenden beiden Fallbeispielen sollen die Zusammenhänge zwischen dem Störungsprofil des Schülers und der Ursachenbestimmung dargestellt werden:

Ursachen-bestimmung von Störungen

Beispiel 1:
Elina ist als Schülerin der 5. Klasse einer Integrierten Gesamtschule zunächst unauffällig im Unterricht. Sie ist beliebt bei ihren Mitschülern und gehört zu der ganz „coolen" Mädchengruppe der Klasse. Die Mädchen sitzen gerne neben ihr, spielen in der Pause mit ihr und möchten bei der Klassenfahrt mit ihr das Zimmer teilen. Doch dies ändert sich im Laufe der Zeit. Elina beginnt, sehr viel mit ihren Tischnachbarn zu schwätzen, die dem Unterricht dadurch nicht mehr folgen können. Sie rennt ständig zum Mülleimer und gibt Kommentare zu den Meldungen der Mitschüler ab. Die Mitschüler fühlen sich durch Elinas Verhalten gestört. Mittlerweile provoziert und beleidigt sie auch die Lehrer, die in der Klasse unterrichten, besonders den Kunstlehrer. Unterricht ist ohne permanentes Ermahnen und Zurechtweisen von Elina nicht mehr möglich. In manchen Unterrichtsstunden befindet sie sich länger vor der Tür als im Klassenraum. Zuletzt erhält Elina ganz hinten, in der letzten Ecke der Klasse einen Sitzplatz ohne Tischnachbarn. Dort malt sie Bilder und folgt dem Unterricht fast gar nicht mehr. Ihre Leistungen sind extrem schlecht und bei Klassenarbeiten schreibt sie anstatt der Lösungen lange Briefe an die Lehrer, in denen sie sich dafür entschuldigt, dass ihre Arbeit so schlecht wird, weil sie nicht lernen konnte und verspricht, dass ihre nächste Arbeit besser ausfallen wird. Sie sucht zu manchen Lehrern regelrecht intensiven Kontakt, indem sie ihnen Briefe schreibt oder Bilder malt und schenkt. Nach dem Klassenleiterwechsel in der 8. Klasse eskaliert die Situation. Elina tut nichts mehr für die Schule und beginnt zu schwänzen. Der neue Klassenlehrer kommt mit der Situation nicht zurecht und die pädagogischen Maßnahmen zeigen keine Wirkung. Elina muss auf eine Schule für Erziehungshilfe und Kranke wechseln.

Bereits in einer Klassenratsstunde in der 6. Klasse machen Elinas Mitschüler auf die Frage hin, warum Elina sich so verhalte die Aussage, dass Elina Aufmerksamkeit suche. Betrachtet man ihre Familienverhältnisse, ist dies ohne Zweifel richtig. Die Familie stammt aus Russland und spricht kaum deutsch. Der Vater ist Alkoholiker, die Mutter ist Vollzeit berufstätig und Elina hat die Aufgabe, auf ihre drei jüngeren Geschwister aufzupassen und sich um sie zu kümmern. Hiermit klärt sich die Frage, warum Elina keine Hausaufgaben macht und keine Zeit zum Lernen hat.

Beispiel 2:
Adrian ist bereits als Schüler der 5. Klasse einer Integrierten Gesamtschule ein sehr vorlauter Schüler. Er möchte die Klasse gerne anführen und sich bei Klassenratsstunden, in denen es z. B. um das Ziel des Wandertages geht, durchsetzen und die Mitschüler bevormunden. Adrian versucht, in jedem Schuljahr Klassensprecher zu werden, doch er wird nicht gewählt. In den meisten Klassenratsstunden tut er sich durch große Redeanteile hervor, die meistens im Kritisieren von Mitschülern, aber auch von Lehrern, deren Unterricht er schlecht findet, bestehen. Über das Verhalten seiner Mitschüler richtet Adrian sehr schnell, über sein eigenes Verhalten reflektiert er nicht. In Pausen kommt es öfter zu Rangeleien mit seinen Mitschülern. Schlechte Leistungen will er nicht akzeptieren und diskutiert daher ständig mit den Lehrern, von denen er sich ungerecht benotet fühlt.

Als Adrian in der 6. Klasse ist und in einer Stunde der Notenspiegel der gerade ausgegebenen Klassenarbeit vom Lehrer an die Tafel geschrieben wird, bewirft Adrian den Lehrer mit einem Stück Kreide und trifft ihn am Hinterkopf. Auf die Frage des Lehrers, wer dies gewesen sei, antwortet niemand in der Klasse. Während der Lehrer hilflos seinen Unterricht wieder aufnimmt, begeben sich die beiden Klassensprecher unter einem Vorwand aus dem Klassenraum und kehren mit dem Direktor der Schule zurück. Adrian wird an dem Tag vom Unterricht ausgeschlossen, leugnet den Kreidewurf allerdings hartnäckig. Erst nach mehreren Tagen gibt er den Kreidewurf zu; eine Entschuldigung bei dem Lehrer oder eine Einsicht seines Fehlverhaltens erfolgen jedoch nicht. Als in der Klassenratsstunde angesprochen wird, warum die beiden Klassensprecher die Schulleitung informierten, kommt die Antwort: „So kann man mit seinen Mitmenschen nicht umgehen!" Adrians Eltern, die wegen des Vorfalls von der Schulleitung zum Gespräch gebeten werden, meinen zum Verhalten ihres Sohnes, dass sie ihm beigebracht haben sich zu wehren. Dies gelte sowohl für Mitschüler, als auch für Lehrer, die nicht fähig dazu wären die Hochbegabung ihres Sohnes zu erkennen. Eine Einsicht des Fehlverhaltens erfolgte auch auf Elternseite nicht. Am Ende der 9. Klasse verlässt Adrian die Schule mit einem befriedigenden Hauptschulabschluss.

Beziehungsebenen

Beziehungen sind innerhalb der Schulgemeinschaft das Wichtigste im Schulalltag. Jeder Lehrer muss meiner Meinung nach über eine Beziehungskompetenz, wie ich sie nenne, verfügen, d. h. die Kompetenz eine professionelle Beziehung zu seinen Schülern herstellen zu können, damit Unterricht überhaupt erst möglich wird. Immerhin wird das gesamte Schulleben durch soziale Beziehungen bestimmt. Der Unterricht findet in der Klassengemeinschaft statt und die gesamte Schule ist an sich eine große soziale Gemeinschaft. Wenn man nicht fähig ist, selbst eine Beziehung zu den Schülern aufzubauen, wie will man dann die Beziehungen der Schüler untereinander herstellen und fördern, damit die Klasse zu einem Team wird, das sich gegenseitig unterstützt? Laut Herrmann Giesecke ist die Beziehungsfrage das Kernstück des beruflichen Selbstverständnisses überhaupt, weil alles über diese Beziehung transportiert wird (vgl. GIESECKE, 1997, S. 5). Er spricht von der „Pädagogischen Beziehung", also jener menschlichen Beziehung, die zwischen Pädagogen und ihren kindlichen/jugendlichen Partnern besteht, bzw. bestehen sollte. „Was immer an Zielen der Erziehung und Unterrichtung und an dafür geeignetem methodischem Repertoire erdacht werden mag, alles muss über diese Beziehung, also durch persönliche Vermittlung transportiert werden" (JUVENTA, 1999, Einband). Doch auf welcher Ebene sollen diese Beziehungen gestaltet werden? „Soll der Lehrer z. B. nach wie vor eine Autoritätsperson, oder eher der Freund oder Kumpel der Schüler sein?" (Giesecke, 1997, S. 5). Vorsichtig muss man bei dem Begriff des kindlichen/jugendlichen Partners sein, denn es geht nicht darum, sich als Lehrer von seinen Schülern emotional abhängig zu machen oder einen zu partnerschaftlichen Umgang mit seinen Schülern als Kumpel oder Freund zu pflegen. Eine Beziehung herzustellen erfordert ein sehr professionelles Verhalten des Lehrers, weil man sich dabei nicht von seinen Gefühlen leiten lassen darf, d. h. alle Schüler müssen einem gleich wichtig sein und man muss professionell auf alle ihre Bedürfnisse reagieren können, auch auf ihre emotionalen. Dabei darf einem Lehrer ein Schüler niemals sympathischer sein als ein anderer. Alle Schüler in einer Klasse müssen gleich behandelt werden.

Die Rolle des Lehrers

Während früher die Funktion des Lehrers darauf beschränkt war, den Lernstoff zu vermitteln, kommen dem Lehrer heutzutage z. B. einige junge Schüler schon auf dem Flur entgegen und versuchen, ihn zur Begrüßung zu umarmen. Der Lehrer benötigt also nicht nur fachliche, didaktische, diagnostische und Klassenführungskompetenz (vgl. HILLENBRAND 2011, S. 40) und ist damit nicht nur Bildungsexperte, Therapeut, Psychologe und Classroommanager, sondern er ist mittlerweile auch zum Erzieher, Lernpartner, Seelsorger und manchmal sogar zum Ersatzelternteil geworden. Hier wird bereits deutlich, dass die Beziehungsebenen, zu denen ein Lehrer fähig sein muss, völlig unterschiedlich sind. Das wiederum resultiert aus der Besonderheit der schulischen Arbeitssituation. Denn der Lehrer wird ständig mit vielen verschiedenen Kindern und Jugendlichen konfrontiert, die alle ihre jeweilige unterschiedliche Geschichte mit in die Schule bringen und alle individuell beachtet und respektiert werden wollen (vgl. GARLICHS, LEUZINGER-BOHLEBER, 1999, S. 173). Die Anforderungen, die ein Lehrer alle professionell beherrschen muss, sind bis heute kontinuierlich gestiegen und werden in Zukunft weiter steigen.

Neben der Beziehung zu den Schülern ist für den Lehrer auch die professionelle Beziehung zu den Eltern des Schülers von erheblicher Bedeutung, wenn er die Schüler zu unterrichtlichem Erfolg führen möchte.

Das Beziehungsverhältnis zwischen den Lehrern, also innerhalb des Kollegiums, ist ebenfalls von großer Bedeutung für den schulischen Erfolg des Schülers, wird von mir aber nicht näher beleuchtet, da ich davon ausgehe, *Gemeinsam ist* dass der Klassenlehrer mit seinen Fachlehrern und auch die Fachlehrer un- *man stärker!* tereinander bei regelmäßig stattfindenden Teamsitzungen in ständigem Informationsaustausch stehen, Absprachen treffen und Rückmeldungen geben oder einfordern. Nach dem Motto: Gemeinsam ist man stärker!

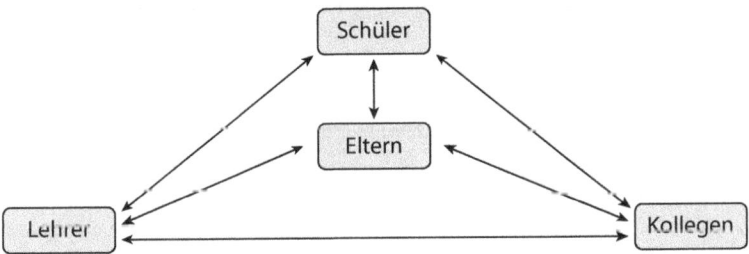

Abb. 2: Beziehungsverhältnisse

Die Beziehung von Schülern untereinander wird in Kapitel 3 behandelt, wo ein Soziometrischer Test genauen Aufschluss über die konkrete Lage in der Klasse geben soll, der auch auf die eigene Klasse angewandt werden kann. Zudem wird erläutert wie wichtig das Beziehungsverhältnis unter den Schülern für das Klassenklima ist.

2.1 Lehrer-Schülerverhältnis

Zunächst muss geklärt werden, wie das Lehrer-Schülerverhältnis aussehen soll, d.h. auf welcher Beziehungsebene es sich gestalten sollte. Der Lehrer darf nie aus den Augen verlieren, dass es sich hierbei um ein professionelles Arbeitsverhältnis handelt. Gert Lohmann formuliert dies sehr treffend indem er sagt:

Eine professionelle Lehrer-Schüler-Beziehung hält eine gesunde Balance zwischen Distanz und Nähe. Sie ist mehr als ein rein geschäftliches, auf die Lehrtätigkeit bezogenes Verhältnis, welches alle anderen Belange ausschließt. Aber sie ist nicht so nah oder offen, dass die Grenze zwischen Beruf und Privatleben verwischt. (LOHMANN, 2009, S. 102)

Dies bestätigt auch Hermann Giesecke, der der Meinung ist, dass ein Berufspädagoge einem Kind oder Jugendlichen nicht spontan und in gänzlich frei zu gestaltender Form gegenübertritt (vgl. Giesecke, 1999, S. 250). Der Lehrer darf niemals eine enge emotionale Beziehung zu seinen Schülern eingehen. Dies würde die Objektivität des Lehrers gefährden, denn bei Menschen, die man sehr gerne mag, ist man geneigt, bessere Bewertungen vorzunehmen. Zudem ist öffentliches pädagogisches Handeln zeitlich begrenzt, d.h. die Beziehung wird am Ende einer jeden Unterrichtsstunde und am Ende eines jeden Schultages gelöst (vgl. GIESECKE, 1999, S. 260).

Man sollte als Lehrer unbedingt darauf achten, sein Privatleben vom Berufsleben zu trennen und nicht die Probleme seiner Schüler mit nach Hause nehmen, denn dies ist extrem gesundheitsschädlich für den Lehrer und führte bei manchem schon zum Burnout-Syndrom. Zu der zeitlichen Begrenzung gehört ebenfalls auch der Lehrerwechsel, d.h. je nach Modell der Schule behält der Lehrer seine Schüler längstens von der 1.-4. Klasse und von der 5.-10. Klasse. Ein Wechsel des Lehrers findet in jedem Fall statt und eine Beziehung darf nicht so eng sein, „dass ein solcher Wechsel nicht möglich wäre oder nur unter erheblichen emotionalen Reibungsverlusten erfolgen könnte" (GIESECKE, 1999, S. 251). Der Lehrer ist hier wirklich strengstens dazu angehalten, eine professionelle Emotionalität zu bewahren.

Burnout-Syndrom vermeiden

Schüler dagegen brauchen eine emotionale Bindung, die nicht durch den Schulalltag professionalisiert ist, sondern ihrem Alter entspricht. Wenn hier von Schülern die Rede ist, dann sind damit alle Schüler aller Altersstufen gemeint, d.h. von der Grundschule über die Sekundarstufe I und II bis hin zur Berufsschule. Jedes Alter hat seine eigene Entwicklungsstufe und in diesen Entwicklungsstufen haben die Kinder, Jugendlichen und jungen Erwachsenen ganz unterschiedliche Bedürfnisse. Während in der Grundschule der Lehrer für die Schüler die Hauptbezugsperson ist und deshalb eine enge Bindung angestrebt wird, lässt dies in der Pubertät teilweise erheblich nach und die Peergroup wird zum Bezugsmittelpunkt. Remo Largo schreibt hierzu:

> *Für das Kind ist der Lehrer eine Bezugsperson, es will also von ihm als Person und nicht nur seiner Leistungen wegen angenommen werden. Je jünger ein Kind ist, desto mehr erwartet es, dass der Lehrer emotional zu ihm steht, es beschützt und ihm Hilfe bietet, wenn es sie braucht.*
>
> (LARGO, BEGLINGER, 2010, S. 197)

Gerade die jüngeren Schüler lernen zunächst auch für den Lehrer und nicht für ihre Noten. Das ist eine ganz zentrale Erkenntnis, die nicht nur ich wahrgenommen habe, sondern auch Remo H. Largo: „Die Schüler lernen nicht nur für sich, sondern auch für den Lehrer, weil sie ihn nicht enttäuschen wollen. Können sie einen Lehrer hingegen nicht ausstehen, so werden sie sich auch nicht für ihn ins Zeug legen. Eine vertrauensvolle Beziehung zwischen Kind und Lehrer ist also eine wichtige Grundlage für den Lernerfolg" (LARGO, BEGLINGER, 2010, S. 201). Das Kind kann, laut Remo H. Largo nur dann gut lernen, wenn es sich geborgen und angenommen fühlt, wobei dies bei Klassenstärken von bis zu 35 Schülern eine extreme Herausforderung für den Lehrer ist. Trotzdem benötigt das Kind, wie Nahrung zum Wachstum, Geborgenheit und Zuwendung, um sich entwickeln zu können (vgl. LARGO, BEGLINGER 2010, S. 197).

Die Bedürfnisse von jungen Schülern beachten

Wenn sich Schüler dagegen ignoriert oder gar abgelehnt fühlen und keine Beziehung zwischen Lehrer und Schüler aufgebaut wurde, dann rebelliert der Schüler. Er muss häufig zum Lernen angehalten werden und der Lehrer muss öfter zu disziplinarischen Maßnahmen greifen (vgl. LARGO, BEGLINGER, 2010, S. 198).

> *Das Kind wird jede Form von Zurechtweisung, auch berechtigte, als Ablehnung empfinden. Es kann verhaltensauffällig werden, den Unterricht stören oder sich innerlich davon verabschieden. Es versucht, die Aufmerksamkeit des Lehrers auf sich zu ziehen, manchmal auch durch aggressives Verhalten.*
>
> (LARGO, BEGLINGER, 2010, S. 199)

Wie baut der Lehrer nun am besten eine professionelle emotionale Beziehung zu seinen Schülern auf? Dass die Beziehung zum Schüler immer positiv gestaltet werden muss und der Lehrer gegenüber allen Schülern stets um Gerechtigkeit, Ehrlichkeit und Verlässlichkeit (vgl. GARLICHS, LEUZINGER-BOHLEBER, 1999, S. 172) bemüht sein soll, ist im Grunde eine Selbstverständlichkeit. Der Lehrer muss ebenso allen seinen Schülern respektvoll entgegentreten, sich immer für jeden seiner Schüler interessieren, ihn unterstützen, und auch loben. „Das braucht jeder Schüler, selbst wenn manche so tun, als könnten sie darauf voll und ganz verzichten" (EICHHORN, 2010, S. 96). Ziel muss sein, dass sich der Schüler als Mensch angenommen fühlt (vgl. EICHHORN, 2010, S. 92). Nach Gert Lohmann erhält man nur Sympathie, wenn man den anderen in seiner Persönlichkeit nicht infrage stellt, sondern ihn bestätigt und verstärkt. „Das bedeutet nicht, dass ich niemals Kritik üben darf. Aber wenn ich mein Gegenüber erziehen möchte, muss ich zunächst investieren und eine Brücke bauen. Als Lehrer sollte man sich immer wieder klarmachen, dass man es in erster Linie mit Menschen zu tun hat. Sie brauchen nur zwei Botschaften zu vermitteln, um zu gewinnen: ‚Ihr seid okay!' und ‚Ihr seid mir wichtig!'" (vgl. LOHMANN, 2010, S. 103). Der Lehrer muss dafür Gelegenheiten für Kommunikation geben und auch außerschulische Angebote unterbreiten, z. B. Ausflüge (vgl. EICHHORN, 2010, S. 93).

Hauptsächlich sind allerdings die Erfahrungen, die die Schüler während des Unterrichts machen. Hier ist es wesentlich, dass der Lehrer auf die Schüler eingeht, ihnen Hilfen anbietet und sie nicht vor der Klasse bloß stellt oder lächerlich macht, weil sie etwas nicht können. Ständige Kommunikation ist gefragt: „Manchen Kindern gibt der Austausch mit der Lehrerin während des Unterrichts die notwendige Zuwendung. Für andere Kinder reicht dies nicht aus. Sie brauchen eine stärkere persönliche Beziehung zur Lehrerin, Gespräche vor und nach dem Unterricht über Dinge, die mit der Schule nichts zu tun haben" (LARGO, BEGLINGER, 2010, S. 199f.).

Wesentlich ist bei allem, was der Lehrer tut, dass die Schüler das Gefühl haben, so akzeptiert und gemocht zu werden, wie sie sind. „Das Kind als Person sollte für die Lehrerin immer über seiner Leistung und seinem Verhalten stehen" (LARGO, BEGLINGER, 2010, S. 200).

Insgesamt sollte das Verhältnis zwischen Lehrern und Schülern durch die folgenden Faktoren gekennzeichnet werden (siehe Abbildung auf Seite 27).

Anerkennung

L: für die Leistung des Schüler

S: Bemühungen des Lehrers (Materialien, Vobereitung)

Freundlichkeit

L: dem Schüler in positiver, immer gut gelaunter Stimmung gegenübertreten

S: dem Lehrer gegenüber freundlich sein

Höflichkeit

L: sich nicht im Ton vergreifen, keine Beleidigungen

S: sich nicht im Ton vergreifen, keine Aggressionen

Verantwortung

L: für die Erziehung des Schüler

S: für das Lernen

Aufmerksamkeit

L: für Fortschritte und sonstige Veränderung des Schülers

S: jeder Lehrer hat seine eigenen Methoden

Verhältnis

Lehrer und Schüler

Unterstützung

L: damit der Schüler lernen kann

S: damit der Stoff vermittelt werden kann

Offenheit

L: für Fortschritte und sonstige Veränderung des Schülers

S: jeder Lehrer hat seine eigenen Methoden

Respekt

L: jeder Schüler als individuelle Persönlichkeit wahrnehmen, mit allen Seiten seines Verhaltens seinen Stärken und Schwächen

S: jeden Lehrer als eigenständige Persönlichkeit wahrnehmen, der auch Fehler machen kann

Ehrlichkeit

L: ehrliche Kritik anbringen, die zur Verbesserung dient

S: dem Lehrer und sich selbst gegenüber ehrlich sein, z. B. bei vergessenen Hausaufgaben oder Unpünktlichkeit und keine Ausreden erfinden

Abb. 3: Verhältnis Lehrer und Schüler

2.2 Lehrer-Elternverhältnis

Wann kommen Lehrer mit Eltern hauptsächlich ins Gespräch? Eigentlich nur, wenn ein Elternabend am Beginn des Schuljahres ansteht, bei dem die Elternvertreter gewählt werden müssen oder wenn es Schwierigkeiten mit dem Schüler gibt. Die Gespräche, die aus solchen Anlässen entstehen, sind für beide Seiten unbefriedigend, weil keine Beziehung daraus entstehen kann (vgl. LARGO, BEGLINGER, 2010, S. 208).

Üblicherweise resultiert der erste Anlass, Eltern in die Schule zu einem Gespräch zu bitten, aus einem Fehlverhalten des Schülers. Die Eltern sollen vom Lehrer darüber informiert werden und dazu beitragen, das Fehlverhalten dem Schüler näherzubringen und ihn dazu bewegen, dieses nicht zu wiederholen. Eltern fühlen in dieser Situation, laut Rudolf Dreikurs, ganz genau, dass der Lehrer im Grunde mit seiner Aufgabe nicht fertig wird. Die Eltern erwarten aber vom Lehrer, „daß er weiß, wie man lehrt und das Kind zum Lernen anleitet und vor allem, daß er seinen Einfluß geltend macht, damit das Kind gute Zeugnisse mit nach Hause bringt. Sie erwarten außerdem von ihm, daß er weiß, was zu tun ist, wenn sich das Kind schlecht beträgt, und wie man es diszipliniert" (vgl. DREIKURS, 2009, S. 24). Eltern, die generell wenig Interesse an der Schule haben und am liebsten den Kontakt mit allen schulischen Angelegenheiten meiden, greifen den Lehrer wahrscheinlich noch direkter an und werfen ihm vor, dass er nicht in der Lage sei, mit seinen Schülern erfolgreich umzugehen, denn sonst würde er sich nicht über die mangelnde Zusammenarbeit mit den Eltern beklagen (vgl. DREIKURS, 2009, S. 24).

Die Eltern „ins Boot holen"

Soweit sollte man es als Lehrer gar nicht erst kommen lassen. Die Beziehung zwischen Lehrern und Eltern sollte von Beginn an auf der Grundlage basieren, dass beide Seiten dasselbe Ziel verfolgen, nämlich das Beste für den Schüler zu wollen, was seine schulischen Leistungen anbelangt und ihm so eine Perspektive für die Zukunft zu bieten. Diese Intention sollte vom Lehrer direkt zu Beginn des Schuljahres allen Eltern mitgeteilt werden. Dazu sollte man als Lehrer nicht nur die üblichen Elternabende nutzen, die von manchen Eltern wohl mehr oder weniger als notwendiges Übel betrachtet werden, sondern auch zu Sonderveranstaltungen einladen, d. h. vielleicht zu einem Klassenfest oder zu einem Nachmittagskaffee in der Schule.

Das folgende Elternanschreiben können Sie nutzen, um Eltern persönlich einzuladen und so für einen Zusammenarbeit zu mobilisieren.

Vorlage Elternanschreiben

Liebe Familie/Frau/Herr _____ ,

ich darf Sie recht herzlich im ___. Jahrgang an der Schule begrüßen.

Mein Name ist Frau/Herr _____

und ich bin die/der neue Klassenlehrer/in Ihres Kindes.

Ich hoffe, Sie hatten schöne, erholsame Ferien zusammen mit Ihrem Kind, denn im neuen Schuljahr legen wir direkt los und es gibt jede Menge tolle Dinge zu lernen und zu erleben. Um Sie genau über den Verlauf des Schuljahres, d.h. über die unterrichtlichen Inhalte sowie mein soziales Konzept als Klassenlehrer zu informieren, lade ich Sie

am _____

um _____ Uhr in unseren

Klassenraum im Erdgeschoss/Stockwerk

recht herzlich ein.

Es ist mir ein sehr wichtiges Anliegen, dass Sie zu diesem Termin kommen, damit wir uns persönlich kennenlernen können und den ersten Baustein für eine gute und enge Zusammenarbeit legen, denn in den nächsten beiden Jahren möchte ich mit Ihnen einen kontinuierlichen Austausch über die Lernfortschritte und das soziale Verhalten Ihres Kindes innerhalb der Klasse pflegen. Sie als Eltern/Elternteil kennen Ihr Kind am allerbesten und haben die meiste Erfahrung im täglichen Zusammenleben mit ihm. Vielleicht gibt es etwas, dass Sie mir mitteilen möchten, damit ich Ihr Kind von Schuljahresbeginn an optimal beim Lernen und der Zusammenarbeit mit den anderen Kindern innerhalb der Klasse unterstützen kann?

Ich freue mich sehr, Sie kennen zu lernen. Sollten Sie am genannte Termin verhindert sein, bitte ich Sie, mir dies rechtzeitig mitzuteilen, damit wir einen Einzeltermin zum Kennenlerngespräch vereinbaren können.

In der Schule können Sie mich telefonisch unter der Nummer _____

in der Zeit von _____ Uhr bis _____ Uhr erreichen oder Sie kommen persönlich zu mir in dieser Sprechstunde vorbei.

Damit ich Sie in dringenden Fällen direkt erreichen kann, bitte ich Sie, mir auch Ihre aktuelle Telefonnummer/Mobilnummer über den unteren Abschnitt mitzuteilen.

Ich wünsche Ihnen und Ihrem Kind einen wunderschönen Schulstart!

Herzliche Grüße

Kopiervorlage

Vorlage Elternanschreiben

Name der Schülerin/des Schülers: _____

☐ Ich komme gerne zum angegebenen Termin.

☐ Leider ist es uns/mir nicht möglich den Termin wahrzunehmen, deshalb bitten wir/ich um einen Ersatztermin.

Telefonnummer: _____

Mobilnummer: _____

Auch uninteressierte Eltern sollte man ständig einladen und sie um Vorschläge für Veranstaltungen bitten, an denen sie auch erscheinen würden. Die interessierten Eltern erkennen in solchen Zusatzangeboten die Engagiertheit des Lehrers und wissen diese auch zu schätzen. Zudem sollte man immer versuchen, Eltern in Schulveranstaltungen mit einzubinden, d.h. sie als Begleitpersonen mit auf Ausflüge nehmen, mit ihnen zusammen Schulfeste planen etc. „Eltern sind kooperativer und unterstützen ihre Kinder mehr, wenn sie sich von den Lehrern ernst genommen und verstanden fühlen" (LARGO, BEGLINGER, 2010, S.202). Remo H. Largo hat außerdem festgestellt, „dass die Beziehung zwischen Kind und Lehrer auch wesentlich durch die Beziehung zwischen Lehrer und Eltern bestimmt wird. Je größer die Vertrauensbasis zwischen Lehrer und Eltern ist, je mehr sich die Eltern mit dem Lehrer identifizieren können, umso wohler fühlt sich das Kind" (LARGO, BEGLINGER, 2010, S.197f.). Wenn sich die Schüler in ihrer Schule wohl fühlen, was eben maßgeblich durch die Eltern bedingt wird, d.h. dem Lehrer vertrauen, sich unterstützt und akzeptiert fühlen, dann identifizieren sie sich mit der Schule und die Schule wird zu ihrer Schule (vgl. LARGO, BEGLINGER, 2010, S.210). Deshalb sollte das Lehrer- und Elternverhältnis durch einen ständigen Informationsaustausch, Verständnis, Offenheit, Vertrauen, Freundlichkeit/Höflichkeit und Respekt gekennzeichnet sein.

Eine Vertrauensbasis zwischen Eltern und Lehrern schaffen

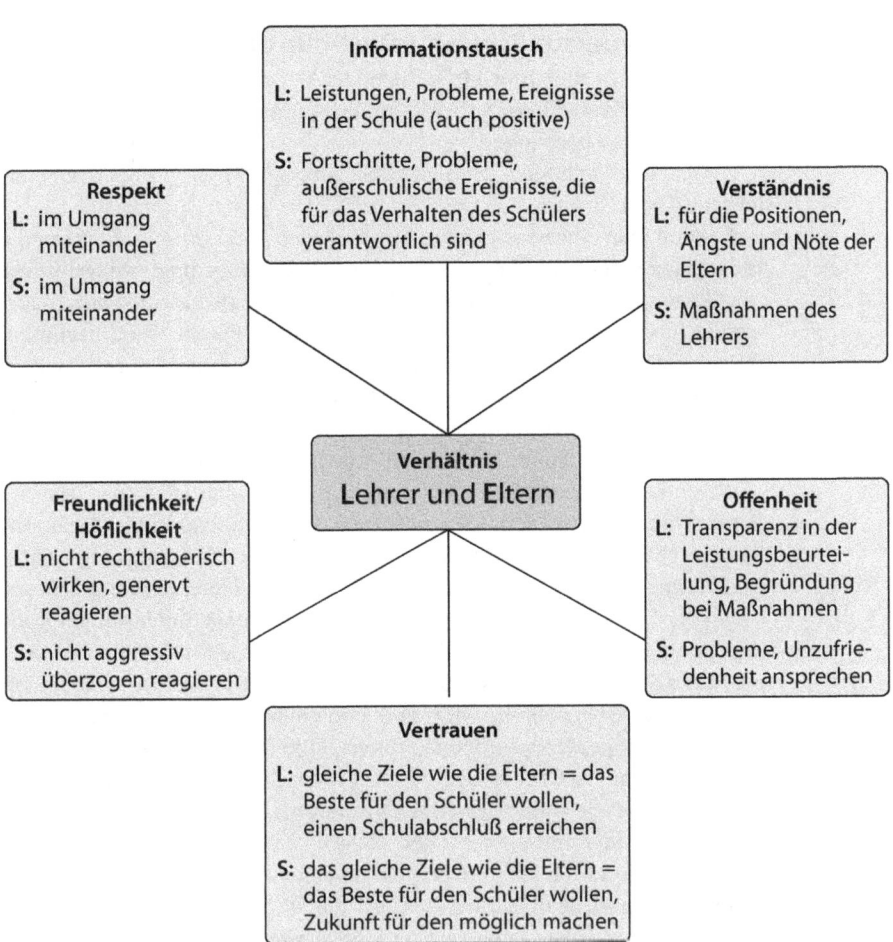

Informationstausch

L: Leistungen, Probleme, Ereignisse in der Schule (auch positive)

S: Fortschritte, Probleme, außerschulische Ereignisse, die für das Verhalten des Schülers verantwortlich sind

Respekt

L: im Umgang miteinander

S: im Umgang miteinander

Verständnis

L: für die Positionen, Ängste und Nöte der Eltern

S: Maßnahmen des Lehrers

Verhältnis
Lehrer und Eltern

Freundlichkeit/ Höflichkeit

L: nicht rechthaberisch wirken, genervt reagieren

S: nicht aggressiv überzogen reagieren

Offenheit

L: Transparenz in der Leistungsbeurteilung, Begründung bei Maßnahmen

S: Probleme, Unzufriedenheit ansprechen

Vertrauen

L: gleiche Ziele wie die Eltern = das Beste für den Schüler wollen, einen Schulabschluß erreichen

S: das gleiche Ziele wie die Eltern = das Beste für den Schüler wollen, Zukunft für den möglich machen

Abb. 4: Verhältnis Lehrer und Eltern

2.3 Lehrerpersönlichkeit – Die Rolle des Lehrers

Jeder Mensch ist individuell in seinem Denken und Handeln. Auch Lehrer sind völlig individuell, was ihre Methodik anbelangt. Zwei Dinge sind dabei auf jeden Fall zu beachten:

1. Nicht alle Methoden, die man selbst bevorzugt, passen auf jeden Schüler/jede Klasse.

2. Wenn man eine Klasse von einem Kollegen übernimmt, sollte man die funktionierenden Methoden seines Vorgängers unbedingt weiterführen. Man kann diese Methoden zwar so abwandeln, dass sie für einen akzeptabel werden, aber man sollte in diesem Fall nie etwas komplett Neues beginnen, weil das die gesamte Klassensituation in einen Umbruch stürzen würde. Seine eigene, ganz persönliche Note wird man bei vielen Gelegenheiten noch oft genug setzen können. Zum Beispiel beim ersten Elternabend, denn Erwachsene verkraften im Normalfall Änderungen schneller als Kinder.

Lehrer müssen hinter ihren Methoden stehen, sonst sind sie unglaubwürdig!

Wesentlich bei allen Methoden, die eingesetzt werden, ist immer, dass der Lehrer hinter seinen Methoden steht und sich damit wohlfühlt. Auch Hillenbrand hat bereits bemerkt, dass entscheidend für den Erfolg eingesetzter Maßnahmen die Identifikation des Lehrers mit seinen Handlungen sei. Wenn der Lehrer nur halbherzig oder nicht konsequent hinter seinem Konzept steht, wirkt er unglaubwürdig (vgl. HILLENBRAND, 2011, S. 78f.). Der Lehrer darf also niemals etwas praktizieren, von dem er nicht überzeugt ist, denn nur mit Überzeugung wirkt ein Lehrer authentisch und wird von den Schülern ernst genommen und akzeptiert. Dies ist eine Gratwanderung bei der Übernahme von Methoden von Kollegen. Letztendlich ist jeder Schüler/jede Klasse wie ein Schlüsselloch, für das man den passenden Schlüssel erst einmal finden muss. Wenn der Kollege den Schlüssel schon gefunden hat und einem in die Hand drückt wieso sollte man ihn dann nicht übernehmen? Hier sieht man ganz deutlich die Wichtigkeit von Übergabegesprächen, die zu jedem Lehrerwechsel stattfinden sollten, um dem nachfolgenden Kollegen die Klassensituation möglichst detailliert darzustellen.

Ausgangslage einer Klasse

Eine Klasse, die völlig neu zusammengesetzt ist, hat zunächst eine neutrale Ausgangslage. Vielleicht kennen sich einzelne Schüler von der Grundschule oder der Gesamtschule her, aber ansonsten sind alle untereinander unbekannt, keiner hat Vorurteile und es gibt noch niemanden, der zum Außenseiter, Klassenclown oder Streber deklariert wurde. Diese Situation kann zum Vorteil genutzt werden, da die Klasse alle positiven Voraussetzungen hat, sich als Gruppe zu finden und zu einem starken „Wir" zu gelangen. „Eine neue Gruppe beginnt nie als Gruppe im Sinne eines echten ‚Wir', sondern entwickelt sich über den mehr oder minder langen Weg von einer Anzahl einzelner Personen, den einzelnen ‚Ich', über erste Kontaktaufnahmen zu anderen, über kleinere und wechselnde Untergruppen schließlich zu einem ‚Wir', zu einem Gefüge, dem sich die Teilnehmer emotional zugehörig fühlen" (vgl. KALETSCH, 2003, S.24). Die Schüler müssen also vom Ich zum Du und danach zum gemeinsamen Wir finden. So funktioniert allerdings nur die Gruppenbildung, bei der Selbstregulierung von Störungen ist der umgekehrte Weg der leichtere, nämlich erst bei den anderen die Fehler zu suchen, um dann später sein eigenes Verhalten zu überprüfen.

In den ersten Tagen ist jeder Schüler noch unsicher in der neuen Gruppe und sucht seinen Platz in der Klasse. Das ist der ideale Zeitpunkt, um als Lehrer Regeln zu geben und somit die Schüler in ihrer Suche zu unterstützen. „In dieser ersten Phase wären die Schüler überfordert, würde man jetzt von ihnen verlangen, ihr Ringen um den Gruppenaufbau selbstständig zu reflektieren. In dieser Phase wünschen sich die Schüler Orientierungshilfe und Schutz durch die Klassenlehrer" (KALETSCH, 2003, S. 24). In diesen ersten Tagen, Wochen und Monaten der neuen Gruppenzusammenführung liegen also die Hauptaufgaben und damit auch die Hauptverantwortung beim Lehrer, will er später eine selbstständig funktionierende und sich selbst regulierende Klasse mit positivem Sozialverhalten bilden.

Positive Beziehungen aufbauen

Um die Findung einer Gruppe von vornherein zu begünstigen, sollte man sich als Lehrer Gedanken machen, wie man die Schüler im neuen Klassenraum begrüßt. Dies kann mit einem persönlichen Handschlag und einem Symbol z. B. einem Freundschaftssymbol, das aus Pappe gebastelt ist oder einem Armband aus Stoff, welches für die Klasse stehen soll, erfolgen. Es kann auch eine kleine Figur z. B. eine Elefant sein, falls Klassen nach Tieren und nicht nur nach Buchstaben eingestuft werden. Sie können sich natürlich weitere Ideen für ein Begrüßungsgeschenk im Sinne eines Klassenmottos oder Maskottchens einfallen lassen – Ihrer Kreativität sind hier keine Grenzen gesetzt. Wichtig ist nur, dass es für beide Geschlechter ansprechend sein sollte und auch altersgerecht sein muss. Mit dieser kleinen Geste des Handgebens fühlen sich die Schüler persönlich begrüßt und angesprochen. Das kleine Geschenk fördert von vornherein das Zugehörigkeitsdenken zur Klasse, denn nur diese Klasse hat dieses Symbol.

Ein weiterer wesentlicher Punkt bei der ersten Begrüßung ist die Sitzordnung. Auf die möglichen Varianten der Sitzordnung und ihrer Findung werde ich in Kapitel 5.6 eingehen. Für das erste Zusammentreffen würde ich in jedem Fall eine offene Sitzordnung, d. h. einen Stuhlkreis empfehlen, der vorher vom Lehrer aufgebaut wurde, sodass sich die Schüler nur noch setzen müssen. Ein Kreis hat immer den Vorteil, dass alle in der ersten Reihe sitzen, jeder kann jeden betrachten und jeder hat bereits zwei Stuhlnachbarn. Damit sich Schüler nicht gezielt neben Sie als Lehrperson setzen, bleiben Sie so lange stehen, bis sich alle gesetzt haben und nehmen dann den Platz der übrig bleibt.

Abb. 5: Vom „Ich" zum „Wir"

3.1 Soziometrischer Test

Ein Soziometrischer Test ist bestens dafür geeignet, um die Strukturen einer Gruppe, genauer gesagt, die Beziehungen zwischen den einzelnen Personen, aufzudecken. Der Soziometrische Test wurde ursprünglich von Jakob Levy Moreno (1989–1974) entwickelt.

Den einfachsten Soziometrischen Test, können Sie bereits, nachdem Ihre Klasse die ersten vier oder fünf Wochen miteinander verbracht hat, durchführen. Bereits zu diesem Zeitpunkt können sich gewisse negative Strukturen innerhalb der Klassengemeinschaft abzeichnen, denen Sie eventuell sofort entgegenlenken müssen. Bevor Sie den Test mit Ihren Schülern durchführen, thematisieren Sie die Bedeutung, die der Test für die Klasse hat. Alle Schüler müssen unter ihrem eigenen Namen ehrliche Angaben machen, denn sonst besteht nicht die Möglichkeit, dass Sie als Lehrer einen richtigen Überblick über das Klassengeschehen erhalten und die Klasse kann sich in ihrer Gemeinschaft und in ihrem Zusammenhalt nicht verbessern. Außerdem muss jeder Schüler den Test ganz alleine, nur für sich ausfüllen, den Tischnachbarn geht der Zettel nichts an. Sammeln Sie die Tests am Ende, wie bei einer Überprüfung ein. Versichern Sie Ihren Schülern, dass Sie alle Zettel vertraulich behandeln und nichts davon weitergeben oder erzählen, auch nicht den Eltern. Sie als Lehrer sind die Vertrauensperson aller Schüler in Ihrer Klasse. Das Vertrauen, das Ihnen entgegengebracht wird, dürfen Sie nie missbrauchen.

Der Test funktioniert nun folgendermaßen:
Lassen Sie ihre Schüler ein Blatt Papier herausnehmen, auf das sie den eigenen Namen schreiben. Danach sollen die Schüler höchstens 3 Mitschüler aufschreiben, die sie besonders gut leiden können und darunter höchstens 3 Mitschüler, die sie nicht leiden können und lieber meiden. Wichtig ist die Begrenzung von höchstens drei Schülern, da es Schüler gibt, die einen Freundeskreis von 10 Personen und mehr in der Klasse haben. Dies wird für diesen Soziometrischen Test und die Auswertung allerdings zu unübersichtlich.

Die Auswertung der Ergebnisse nehmen Sie einfach mit einer Klassenliste vor, auf der sie hinter allen positiv genannten Schülern ein Plus notieren und hinter allen negativ genannten ein Minus. Auf diese Weise lassen sich sehr schnell Strukturen erkennen, d. h. sie erkennen sofort den Klassenliebling und den Außenseiter der Gruppe.

In einer Klassenleiter-/Klassenratsstunde können Sie über die Ergebnisse des Tests in anonymisierter Weise zusammen mit Ihren Schülern beraten. Nennen Sie dabei niemals einen Schülernamen, sondern verwenden Sie für die Besprechung der Schüler frei gewählte Buchstaben, die nichts mit ihren Namen zu tun haben. Sie können zudem alle Schüler auf die männliche Variante neutralisieren, auch wenn es sich bei den Personen, über die gesprochen wird, um SchülerInnen handelt. Greifen Sie zunächst die auffälligsten Werte heraus und besprechen Sie diese.

Beispiel: Es gibt eine Schülerin (Melissa), der Sie auf Ihrer Liste 13 Minuspunkte eintragen mussten, weil sie von 13 Schülern negativ genannt wurde. Bei der Besprechung dieses Ergebnisses im gemeinsamen Stuhlkreis sagen Sie: Wir haben einen Schüler in der Klasse, ich bezeichne ihn mit X, den 13 Mitschüler nicht so gut leiden können. Wie würdet ihr euch fühlen, wenn ihr wüsstet, dass euch 13 Mitschüler nicht mögen? Was kann man tun, um den Schüler X besser in die Klasse aufzunehmen? Wie sollte sich Schüler X vielleicht seinen Mitschülern gegenüber verhalten? Dadurch, dass Sie den Namen des betreffenden Schülers, in diesem Fall Melissa, nicht nennen, hat auch Melissa die Möglichkeit an der Gesprächsrunde als neutraler Berater teilzunehmen und befindet sich nicht in der unangenehmen Opferrolle oder fühlt sich gar von Ihnen und dem Rest der Klasse bloßgestellt.

Des Weiteren haben Sie auf Ihrer Liste noch einen Schüler (Tom), der 15 Pluspunkte erhalten hat. Auch dieses Ergebnis besprechen Sie im gemeinsamen Stuhlkreis: Wir haben einen Schüler, ich bezeichne ihn mit Y, den 15 Mitschüler sehr gerne mögen. Das ist etwas sehr Positives. Wie würdet ihr euch an Stelle von Schüler Y fühlen? Woran kann es liegen, dass Schüler Y so beliebt ist? Wenn jemand so beliebt ist, kann er dann vielleicht etwas Positives für die gesamte Klasse tun? Kann er vielleicht auch etwas für Schüler X tun? Auch Tom wird als positiver Mitschüler nicht mit seinem Namen, sondern nur mit dem Buchstaben Y genannt. Damit hat auch er die Möglichkeit, am Gespräch als neutraler Berater teilzunehmen und er zieht keinen Unmut als „Klassenliebling" von nicht so gerne gemochten Mitschülern auf sich.

Sie können weitere auffällige Werte innerhalb Ihrer Liste mit der Klasse thematisieren. Halten Sie besonders gute Vorschläge schriftlich auf einem Plakat o.ä. fest. Bitten Sie am Ende der Stunde Ihre Schüler, besonders die Vorschläge, die für Schüler X gemacht wurden, in der kommenden Woche umzusetzen. Die Schüler sollen insgesamt besser auf ihren Umgang miteinander achten. Erklären Sie, dass es das Ziel ist, dass sich in der Klasse alle so gut verstehen, dass sie problemlos miteinander arbeiten können. Zu diesem Zweck werden Sie in der nächsten Zeit bei allen sich bietenden Gelegenheiten gewisse Methoden ausprobieren, um alle Schüler gut in die Klassengemeinschaft zu integrieren.

Nach einer Woche fragen Sie in der Klassenleiter-/Klassenratsstunde die Schüler, wie ihre Woche war. Thematisieren Sie die Schüler X und Y nochmals und fragen Sie, ob die Vorschläge von letzter Woche umgesetzt wurden. Machen Sie eventuell einen Stimmungstest, bei dem jeder Schüler seinem Wohlbefinden in der Klasse für die letzte Woche eine Note zwischen 1-6 geben soll und einen Satz dazu sagt.

Mit diesem relativ einfachen Soziometrischen Test lernen Sie die Strukturen in Ihrer Klasse kennen und können somit ganz anders mit Ihrer Gruppe arbeiten. Dieser einfache Test eignet sich als erster Test für eine Klasse, die relativ neu zusammengesetzt ist und ihren ersten gemeinsamen Monat hinter sich gebracht hat.

Es gibt andere, weitaus komplexere Soziometrische Tests, die noch tiefer in die Strukturen einer Gruppe eindringen. Diese Tests sind allerdings besser für Gruppen geeignet, die sich bereits länger kennen und deshalb auch schon fester in ihren Strukturen verankert sind. Solch ein Test wurde z. B. von Christina Großmann und Wiebke Bohn im „Projekt ‚Soziales Lernen'" (1996) erarbeitet. Die Auswertung dieses Tests ist allerdings sehr zeitaufwändig.

Sie können sich auch selbst Fragen für einen Soziometrischen Test überlegen. Achten Sie allerdings darauf, dass die Fragen nicht zu persönlich werden. Anregungen für Fragen liefern Großmann und Bohn (Kopiervorlage: Soziometrischer Test, S. 37–39), die mit ihren Fragen drei Erfahrungsbereiche der Kinder abdecken: Schule/Arbeit, Freizeit/Vertrauen, Amt/Interessenvertretung (vgl. GROSSMANN, BOHN, 1996, S. 109).

Die Auswertung dieser Fragen können Sie mit einer Punkteliste vornehmen, wobei Sie einzelne Fragen entsprechend gewichten können. D. h. Fragen, die positiv sind, können Sie mit +1, +2 oder +3 bewerten und negative mit -1, -2 oder -3. Alternativ zeichnen Sie eine Grafik, mit der die Verbindungen der Schüler untereinander deutlich werden. So erkennen Sie die Kleingruppen, die innerhalb Ihrer Klasse bestehen.

Kopiervorlage

Soziometrischer Test

Name: _____ Klasse: _____ Datum: _____

1. Neben wem möchtest du gerne sitzen?

_____

_____

2. Mit wem möchtest du am liebsten in einer Sportgruppe sein?

_____

_____

3. Mit wem möchtest du gerne Schularbeiten machen?

_____

_____

▶

▶

4. Mit wem möchtest du am liebsten eine Ferienreise machen?

_____

_____

5. Mit wem möchtest du dich gerne auf eine Mathearbeit vorbereiten?

_____

_____

6. Wen möchtest du am liebsten zu deinem Geburtstag einladen?

_____

_____

7. Wen würdest du am liebsten zum Klassensprecher wählen?

_____

_____

8. Wer dürfte dein Tagebuch lesen? (Wenn du kein Tagebuch führst, kannst du gleich die nächste Frage beantworten.)

_____

_____

9. Wer dürfte deine Briefe (z. B. Liebesbriefe) lesen?

_____

_____

10. Neben wem möchtest du nicht so gerne sitzen?

_____

_____

11. Mit wem möchtest du nicht so gerne in einer Sportgruppe sein?

_____

_____

▶

▶

12. Mit wem möchtest du nicht so gerne Schularbeiten machen?

_____

_____

13. Mit wem möchtest du nicht so gerne eine Ferienreise machen?

_____

_____

14. Mit wem möchtest du nicht so gerne eine Mathearbeit vorbereiten?

_____

_____

15. Wen möchtest du nicht so gerne zu deinem Geburtstag einladen?

_____

_____

16. Wen möchtest du nicht so gerne zum Klassensprecher wählen?

_____

_____

17. Wem würdest du nicht so gerne dein Tagebuch zeigen?

_____

_____

18. Wem würdest du nicht so gerne deine Briefe (z. B. Liebesbriefe) zeigen?

_____

_____

Bitte beachte folgende Regeln:
- Bitte nenne nur Namen von Kindern aus deiner Klasse.
- Bitte schreibe so viele Namen auf den Bogen, wie dir einfallen.
- Bitte verwende nur die Vornamen deiner Mitschüler und keine Spitznamen.

Jeder beantwortet seinen Fragebogen alleine.

(GROSSMANN, BOHN, 1996, S. 108).

3.2 Klassenklima

Alle Beteiligten innerhalb einer Schulgemeinschaft, ob Lehrer, Eltern oder Schüler sprechen stets vom Klima in der Schule oder in der Klasse. Entweder hört man nur Gutes von der Klasse, in der das Klassenklima dann sehr positiv sein soll oder die Klasse ist sehr schwierig und das Klima lässt deshalb zu wünschen übrig. Mit dem Klima findet also stets eine Bewertung der Lage oder der Atmosphäre statt.

Wie fördert man nun von Anfang an das Klima, d. h. eigentlich die Atmosphäre zwischen allen Personen, die zu einer Klasse gehören, im positiven Sinn?

Für die Atmosphäre, die von Beginn an entsteht, sind zunächst alleine Sie als Klassenlehrer verantwortlich und wenn dabei etwas direkt am Anfang versäumt wurde, lässt es sich später nur schwer und sehr mühevoll wieder gut machen. Deshalb achten Sie direkt auf einen entsprechend guten Beginn. In Kapitel 3 sprach ich bereits über die Begrüßung und das Ankommen der Schüler im Stuhlkreis.

Nun geht es um das erste Kennenlernen der Gruppe. Die ersten Eindrücke zwischen den Schülern werden gewonnen und Namen müssen gelernt werden. Je früher Sie die Namen Ihrer Schüler beherrschen, desto schneller fühlen diese sich auch in der neuen Situation wohl und in der Klasse angekommen. Das ist ein rein psychologischer Aspekt. Wenn jemand lange Zeit einen Schüler nicht mit Namen ansprechen kann und nach Tagen oder gar Wochen immer noch nachfragen muss wie er heißt, bekommt er das Gefühl, dass der Lehrer wenig Interesse für ihn hat. Er fühlt sich nicht gut aufgehoben und fehl am Platz. Deshalb gehört zu einer Kennenlernrunde auch immer das Einüben von Namen. Geben Sie zu Beginn jedem Schüler drei verschieden farbige Zettel (z. B. Rot, Grün, Blau) in die Hand. Lassen Sie auf den roten Zettel das Lieblingsland, auf den grünen Zettel das Lieblingshobby und auf den blauen Zettel das Lieblingsessen schreiben. Nun beginnen am besten Sie selbst. Sie stellen sich mit Namen vor, dabei ist es Ihnen überlassen, ob Sie nur Ihren Nachnamen nennen, einige Lehrer stellen sich auch mit Vor- und Nachnamen vor, das müssen Sie selbst entscheiden. Halten Sie nun Ihren roten Zettel hoch, erläutern dabei, warum dies Ihr Lieblingsland ist, nehmen anschließend den grünen und den blauen und erklären etwas zu diesen beiden Zetteln. Danach ist der erste Schüler an der Reihe, der den anderen Schülern auch laut und deutlich seinen Namen nennen soll und dann seine Zettel vorstellt. Am Ende der Runde bedanken Sie sich bei den Schülern für die Vorstellungsrunde und versuchen Sie, alle Namen laut zu wiederholen.

Sie können sich nun entscheiden, ob Sie mit den Schülern ein etwas schwierigeres Spiel spielen. Das wäre eventuell in einer höheren Klassenstufe angebracht oder in einer Klasse, die sich untereinander bereits kennt und nur einen Klassenlehrerwechsel hat. Oder Sie üben einfach nur die Namen spielerisch ein. Für das schwierigere Spiel werden alle Zettel nach Farben eingesammelt, gemischt und neu ausgeteilt. Jeder Schüler hat nun wieder drei verschiedene Zettel, von denen keiner der eigene sein soll. Wiederum der Reihe nach werden diese fremden Zettel gezeigt, und aus der Erinnerung heraus den richtigen Mitschülern zurückgegeben, wobei deren Namen und die Assoziationen, die sie zu den Begriffen haben, laut genannt werden sollen. Am Ende des Spiels sollen wieder alle Zettel bei ihren Besitzern zurück sein.

Für das Namenlernen verwenden Sie einfach einen Ball, den sich die Schüler untereinander zuwerfen sollen. Der Schüler, der den Ball hat, wählt einen Schüler aus, dem er den Ball zuwerfen möchte. Bevor er den Ball jedoch wirft, muss er den Namen des Schülers, dem er den Ball zuwerfen möchte, laut nennen. Wenn alle an der Reihe waren ist das Spiel beendet. Sie können auch hier die Schwierigkeit erhöhen, indem sie die Bälle tauschen und z. B. einen kleinen Gummiball verwenden, der mit einem Plastikbecher geworfen und aufgegangen werden muss.

Vermeiden Sie zu Beginn möglichst Eckenspiele, die die Schüler trennen und in Gruppen bringen würden, wie zum Beispiel: alle mit braunen, blonden, schwarzen, roten Haaren stellen sich in verschiedene Ecken, etc.

Geben Sie den Schülern lieber einen weiteren Zettel, den sie sich auf dem Rücken mit einem Klebestreifen befestigen. Nun nehmen alle Schüler einen Stift in die Hand und bewegen sich im Raum. Dabei schreiben sie ihren Mitschülern etwas Positives auf den Rücken, z. B. mir gefällt dein T-Shirt oder du siehst nett aus etc.

Damit sich Ihre Schüler weiter kennenlernen und Sie als Lehrer etwas über ihr Verhältnis zur Schule erfahren, hilft der Steckbrief auf den Seiten 42 und 43, den Sie als Kopiervorlage austeilen können und den Schülern zur Gestaltung überlassen. Später können Sie mit Ihren Schülern gemeinsam überlegen, wie der Steckbrief in der Klasse platziert werden soll, z. B. in Form einer Tonpapiereisenbahn, an den Wänden der Klasse oder in Form von einer Schiffsflotte oder einfach nur wild durcheinander an einer Wand. Hier sind Ihrer Kreativität wieder keine Grenzen gesetzt und Ihre Schüler haben auch die eine oder andere gute Idee, die Sie sammeln und später darüber abstimmen können. Wichtig ist, dass die Steckbriefe in einer Klassenleiterstunde oder Klassenratsstunde nochmals thematisiert werden und nicht einfach nur aufgehängt und danach vergessen werden. Klären Sie nicht alles am ersten Tag, sondern nehmen Sie sich Zeit und besprechen Sie jeweils eine Frage in einer Stunde und nicht den gesamten Steckbrief von jedem Schüler.

Kopiervorlage

Steckbrief

Mein Name und mein Alter:

_____

Ich habe noch Geschwister (wie viele? Namen):

_____

_____

_____

_____

Das kann ich gut (Hobbys, Interessen):

_____

_____

_____

_____

Das würde ich auch gerne können:

_____

_____

_____

_____

Meine Lieblingsmusik-Gruppe heißt:

_____

_____

_____

▶

Das sind meine Wünsche an die Klasse:

_____

_____

_____

_____

_____

_____

So wünsche ich mir meine Lehrerin, meinen Lehrer:

_____

_____

_____

_____

_____

Was mir noch wichtig ist:

_____

_____

_____

_____

_____

_____

_____

(nach BUNDESZENTRALE FÜR GESUNDHEITLICHE AUFKLÄRUNG, 2006, S. 31)

3.2.1 Definitionen

Nachdem nun einige Tipps zur Förderung einer guten Atmosphäre von Beginn an gegeben wurden, soll nun geklärt werden, was die Fachliteratur überhaupt unter dem Begriff Klassenklima versteht.

„Allgemein versteht man unter Klima die Gesamtheit schulischer Merkmale in der Wahrnehmung der Schüler. In einem engeren Sinn wird mit dem Begriff ‚Klima' die humane Qualität der Lehrer-Schüler- und der Schüler-Schüler-Beziehungen bezeichnet." (Hessisches Kultusministerium, S. 65). Mit der Gesamtheit schulischer Merkmale ist die Lernumwelt gemeint und die Wahrnehmung der Schüler zielt auf die subjektive Wahrnehmung der unmittelbar beteiligten oder betroffenen Personen hin. Deshalb ist es wesentlich, die Schüler zu fragen, was sie unter Klassenklima verstehen und dieses in ihrer eigenen Klasse einschätzen zu lassen. Was ein Schüler gut findet, findet unter Umständen ein anderer schlecht und dann muss geklärt werden, wieso dies so ist.

3.2.2 Definitionen der Schüler

Fragt man Schüler wie sie den Begriff Klassenklima erklären würden, enthält man folgende Antworten:

- „Ein gutes Klassenklima ist, wenn sich jeder wohlfühlt und man so gut wie mit jedem einigermaßen gut klar kommt. Auch wenn man jemanden nicht leiden kann, akzeptiert man diesen".
- „Unter Klassenklima verstehe ich die Atmosphäre, die in der Klasse herrscht, wie sich die Schüler untereinander verstehen und verhalten gegenüber ihren Mitschülern".
- „Ich verstehe unter „Klassenklima" ein gutes Miteinander, dass man sich respektiert und gerne Zeit miteinander verbringt. Man sollte Spaß haben und einen lockeren Umgang miteinander".
- „Unter Klassenklima verstehe ich, dass wir uns untereinander gut verstehen, es keinen Streit gibt und das wir als Klasse zusammenhalten".
- „Ich verstehe unter einem guten Klassenklima: nett sein zu allen, gut miteinander auskommen, alle respektieren, ein Team sein, Zusammenhalt. Natürlich wünsche ich mir ein gutes Klassenklima! Schlechtes Klassenklima: Streit, Mobbing, Ausgrenzungen, Auslachen".
- „Klassenklima ist für mich das Untereinander der Klasse, wie die Schüler gegenseitig behandeln, wie sie als Klasse gegenüber den Lehrern auftreten und ob die Einhaltung der Regeln beachtet wird".
- „Unter diesem Begriff verstehe und wünsche ich mir eine Klassengemeinschaft. Dazu gehört das Zusammenarbeiten und Umgehen mit-

und untereinander. Das alle einander verstehen und einander helfen. Gemeinsam Spaß haben, egal wann".

- „Ein gutes Klassenklima ist, wenn sich alle gut verstehen und sich gegenseitig helfen".
- „Unter einem guten Klassenklima verstehe ich einen freundlichen und respektvollen Umgang untereinander und dass niemand ausgegrenzt wird".

(Jahrgang 11, 01.12.2009)

- „Unter dem Klassenklima verstehe ich, wenn ein gutes Verhältnis zwischen allen Schülern besteht. Es gibt keinen Liebling und keinen Gehassten, außerdem herrscht ein entspanntes Klima zwischen Schülern und Lehrer. Jeder Schüler sollte jeden unterstützen und falls nötig auch in der Freizeit miteinander arbeiten".
- „Ein Klassenklima herrscht für mich, wenn sich der Kurs (Kursgruppe) untereinander gut versteht und gut miteinander zusammenarbeiten kann. Das muss nicht unbedingt eine Freundschaft sein, jedoch sollten sich alle respektieren".
- „Man sollte Spaß beim gemeinsamen Lernen haben und keine Angst etwas Falsches zu sagen".
- „Gutes Verhältnis von Schülern zu Schülern und Schülern zu Lehrern".
- „Das Verhältnis von Schülern zu Schülern und Schülern zu Lehrern, Offenheit, Vertrautheit".
- „Respekt gegenüber den Mitschülern. Jeder darf seine eigene Meinung vertreten. Klassenklima ist ein Begriff, der das Miteinander innerhalb der Klassengemeinschaft beschreibt, sei es nun positiv oder negativ".

(Jahrgang 12, 09.09.10)

Ältere Klassenstufen kann man direkt zum Begriff des Klassenklimas befragen. Schön zu sehen ist, dass sich viele Aussagen der Schüler ähneln. Besonders wichtig ist allen Schülern ein positives Klassenklima, da die positiven Aspekte häufiger genannt werden. Besonders im Vordergrund stehen: das Miteinander als Gemeinschaft, in der man sich wohlfühlt, einander hilft und ein gutes Verhältnis zu allen Beteiligten hat sowie der gemeinsame Spaß, der respektvolle Umgang untereinander und eine angstfreie Atmosphäre.

Die einzelnen Aussagen Ihrer Schüler können Sie in einer Klassenleiter-/ Klassenratsstunde mit Ihren Schülern zusammentragen und besprechen.

Fragen Sie Ihre Schüler, wie man eine gute Atmosphäre entwickeln kann, welche Probleme existieren etc. Sie werden viele Ideen erhalten, die Sie zusammen mit Ihrer Klasse umsetzen können.

Bei Umfragen zum Klassenklima sollte man darauf achten, dass man nur ältere Klassen direkt nach dem Begriff des Klassenklimas befragt. In jüngeren Klassen, sollte man Fragen zu den einzelnen Faktoren stellen, wie es im folgenden Kapitel beschrieben wird.

3.3 Faktoren, die für das Klassenklima wesentlich sind

Es gibt genau vier Faktoren, die für das Klassenklima wesentlich sind. Der erste Faktor ist der Schüler, denn dieser ist letztendlich für seinen Umgang und sein Miteinander mit seinen Mitschülern verantwortlich. Der zweite Faktor ist der Lehrer, denn die Lehrer initiieren zunächst das Miteinander in der Klasse und tragen durch ihre Persönlichkeit, ihre Vorbildfunktion und ihren Umgang mit der Klasse auch maßgeblich zum Klassenklima bei. Der dritte Faktor ist die Klasse, d. h. nicht nur als Gemeinschaft, sondern auch als Raum, der so eingerichtet und gestaltet sein sollte, dass sich die Schüler gerne darin aufhalten und ihn auch pflegen. Der letzte Faktor ist die Schule im Gesamten, d. h. alle Personen, die sonst noch an ihr beteiligt sind, z. B. der Hausmeister, der um Kreide gebeten wird oder der Schulleiter, der das Anstreichen des Klassenraums erlaubt und auch die anderen Räumlichkeiten der Schule, die für die Atmosphäre von Bedeutung sind. Gibt es Aufenthaltsräume für die gesamte Stufe? Wo werden die Pausen verbracht?

Um diese Faktoren mit jüngeren Klassenstufen zu thematisieren, teilen Sie Karteikarten aus, auf denen die Schüler schreiben sollen, was Ihnen dazu einfällt. Formulieren Sie den Arbeitsauftrag ganz konkret: Was fällt euch zum Stichwort Schüler ein? Was verbindet ihr damit? Schreibt alles auf was euch einfällt! Jeder Schüler kann so viele Karteikarten nehmen, wie er benötigt.

Wichtig ist, dass Sie nur einen Faktor in einer Klassenleiter/Klassenratsstunde thematisieren, damit die Schüler nicht überfordert werden. Am besten wählen Sie für jeden Faktor eine unterschiedliche Farbe der Karteikarte.

Bei der Besprechung der Faktoren erhalten Sie einen Einblick darüber, was die Schüler bereits aus ihrer Grundschulzeit mitbringen. Bereiten Sie sich auf eine Vielzahl von Aussagen vor. Jeder Schüler soll seine Karteikarte vorstellen. Sie können gemeinsam mit Ihren Schülern versuchen, diese Karten nach Kategorien zu ordnen, denen Sie später Überschriften geben. Ordnen Sie die Karten mit Ihren Schülern zusammen an einer Stellwand oder zunächst auf dem Boden und kleben Sie sie später auf Plakate, die im Klassenraum aufgehängt werden. Die Schüler formulieren teilweise bereits unbewusst auf manchen Karteikarten Regeln oder Wünsche, die Sie in Regeln umformulieren können. Sie können diese Regeln für die gesamte Klasse festhalten und auch auf Plakaten in die Klasse hängen, um die Schüler bei Bedarf daran zu erinnern.

Welche Regeln von Schülern genannt werden und wie Sie diese formulieren, lesen Sie in Kapitel 3.3.1 bis 3.3.4 am Beispiel einer 5. Klasse einer Gesamtschule. Bei der Regelerarbeitung sollten Sie generell darauf achten, die Schüler nie direkt nach Regeln zu fragen, weil die meisten Schüler nur Regeln wiedergeben, die sie gelernt oder gehört haben, davon selbst aber nicht wirklich überzeugt sind und diese deshalb auch nicht oder nur wiederwillig einhalten. Aber selbst die Einsicht der Regeln führt noch nicht zu deren Befolgen. Das muss letztendlich mit den Schülern immer wieder trainiert werden, auch von den Fachlehrern der Klasse.

Wesentlich ist zudem der Aspekt der Gemeinsamkeit. Beim Vorstellen der Karteikarte kommt es nicht darauf an, egoistisch nur seine eigenen Gedanken vorstellen zu wollen, sondern vor allem auch zu erfahren, was sich die Mitschüler wünschen. Die Schüler sollen wissen, wie die anderen sich die Klasse vorstellen und dies mit ihren eigenen Vorstellungen vergleichen. Nachdem alle Schüler ihre Karteikarten vorgestellt haben, können Sie auch Gruppen bilden lassen mit Schülern, die die gleichen Vorstellungen oder Wünsche geäußert haben. Später können Sie Gruppen bilden, in denen Gegensätze auftreten, damit eine Diskussion über diese Unterschiede zustande kommt und sich das die Schüler gegenseitig erklären. Die Schüler lernen damit, sich in ihre Mitschüler hineinzuversetzen, was ihre Empathie fördert und andere Meinungen zu akzeptieren und den Menschen trotzdem zu respektieren.

3.3.1 Schüler

Eine 5. Klasse einer Integrierten Gesamtschule sollte nach ca. 5 Wochen den folgenden Arbeitsauftrag ausführen:

Was fällt euch zum Stichwort Schüler ein? Was verbindet ihr damit? Schreibt alles auf was euch einfällt!

Die Schüler gaben folgende Antworten:
- „Schüler sind Kinder und auch Jugendliche, die etwas lernen, beitragen und verstehen sollen. Und die den Lernstoff auch umsetzen sollen. Sie

sollen Freundschaften schließen und das sie andere Arten Menschen kennen."
- „Wir Schüler müssen aufmerksam, leise und immer mitmachen, damit wir einen guten Beruf bekommen."
- „Schüler bedeutet zuhören. Schüler sollten auch lernen, sie sollen nicht beleidigen."
- „Die Schüler sollten auch aufpassen und auch lernen. Der Schüler muss aufpassen und muss auch lernen für später, wenn man eine Arbeit sucht."
- „Schüler sind unterschiedlich!"
- „Wir müssen freundlich zueinander sein. Wir dürfen keine Schimpfwörter zueinander sagen!"
- „Schüler sind dafür da, um was zu lernen. Und das wir einen guten Abschluss machen. Die Schüler müssen leise sein und Hausaufgaben machen und was die Lehrer sagen müssen wir machen, nur so können wir unseren Abschluss machen. Schüler sind dafür da, um was zu lernen. Und das die Lehrer ihr Geld bekommen."
- „Schüler sind hier zum Lernen! Und sich in der Klasse wohlzufühlen!"
- „Schüler sind Personen, Kinder, die lernen wollen. Kinder, die Lehrer und Eltern haben, die im Unterricht leise und aufpassen sollen. Wenn ein Schüler redet, sollten die anderen leise sein und aufpassen. Manche Schüler sind nett und manche frech. Respekt haben."
- „Schüler sind da, um was zu lernen."
- „Schüler: sind da, um sich zu verstehen und um sich gegenseitig was beizubringen. Und Freund wird!!!!"
- „Schüler sind da, um zu lernen und den Lehrern zuzuhören. Die Schüler müssen auch still sein. Nicht einfach rumlaufen, dann immer erst fragen."
- „Sich verstehen, sich gegenseitig helfen, zusammenhalten und einen guten Abschluss."
- „Schüler sind in der Schule, um zu lernen und dann einen Abschluss zu machen."
- „Schüler sind Kinder, die in die Schule gehen zum Lernen."
- „Schüler müssen immer nett zu den Lehrern sein und ruhig bleiben und sich immer melden, wenn sie was sagen wollen und immer zuhören."
- „Schüler sollen sich helfen und sich nicht streiten."
- „Schüler sollten nett zu den Klassenkameraden sein und den Autoritätspersonen. Schüler sollten auf ihre Zukunft achten. "
- „Die Schüler sind nett und hier sind viele aus der Grundschule."

- „Schüler Freunde"
- „Schüler sind da, um was zu lernen."
- „Die Schüler sind hier, um zu lernen."
- „Schüler lernen, damit sie arbeiten können, wenn sie groß sind, manche kriegen einen Abschluss manche nicht, Schüler müssen auch Arbeit suchen. Schüler müssen immer ‚Guten Morgen' sagen."
- „Die Schüler sind da, um zu lernen, damit wir eine gute Zukunft haben."
- „Ich muss mich an die Regeln halten und das machen was mein Lehrer(in) mir sagt. Wenn mein(e) Klassenkameraden sich meldet und was sagen will, dass ich die oder denjenigen aussprechen lasse!!!"

Folgende Regeln lassen sich bereits festhalten, die anscheinend in dieser Klasse auch ausführlich in der Grundschule beigebracht wurden:
- Ich möchte lernen!
- Ich passe im Unterricht auf!
- Ich höre zu, wenn andere reden!
- Ich bin leise und störe andere nicht!
- Während der Stunde bleibe ich auf meinem Platz sitzen!
- …

Gemeinsam Regeln formulieren

Formulieren Sie die Regeln gemeinsam mit Ihren Schülern. Achten Sie dabei auf die Ich-Form und positive Formulierungen. Fragen Sie alle Schüler, ob Sie mit der Regel einverstanden sind. Falls ein Schüler mit einer Regel nicht einverstanden ist, dann zeigen Sie warum diese Regel wichtig ist. D. h. sollte ein Schüler nicht damit einverstanden sein, während der Stunde auf seinem Platz sitzen zu bleiben, lassen Sie Ihn die Rolle des Lehrers übernehmen, der vor der Klasse steht und etwas sagen möchte und die anderen Schüler aufstehen und sich durch die Klasse bewegen. Nach zwei Minuten beenden Sie die Situation und fragen Sie nun den Schüler, der vor der Klasse stand, wie er sich in dieser Situation gefühlt hat. Fragen Sie auch die anderen Schüler wie sie die Situation fanden. Sie werden keinen Schüler finden, der, wenn er etwas mitzuteilen hat, es ernsthaft in Ordnung findet, dass alle durch die Gegend laufen und im Grunde nicht zuhören. Das gleiche gilt für Gespräche mit den Tischnachbarn. Zu jeder Regel können Sie eine Situation darstellen lassen, in der die Schüler aktiv empfinden, wie es Ihnen als Lehrer gehen muss, wenn Sie vor der Klasse stehen.

3.3.2 Lehrer

Eine 5. Klasse einer Integrierten Gesamtschule sollte nach ca. 5 Wochen den folgenden Arbeitsauftrag ausführen:

Was fällt euch zum Stichwort Lehrer ein? Was verbindet ihr damit? Schreibt alles auf was euch einfällt!

Die Schüler gaben folgende Antworten:
- „Die Lehrer unterrichten die Kinder … und er /sie sind der Boss in ihrem Unterricht."
- „Ist der Klassenleiter, der Lehrer, Chef, Boss für die Kinder."
- „Lehrer sind die uns unterrichten. Und was beibringen."
- „Lehrer: immer nett sein und höflich bleiben immer. Und wir müssen leise sein, wenn der Lehrer es sagt und wir dürfen auch nicht reinreden niemals."
- „Lehrer sind Respektspersonen, sie sind auch nur Menschen, die versuchen uns was beizubringen, denn ohne Lehrer bleiben wir dumm, deswegen sind Lehrer immer älter, weil sie mehr wissen."
- „Lehrer: sind da, um uns was beizubringen und unser Verhalten zu kontrollieren. Lehrer gibt es verschiedene Arten. Wir sollten ihnen DANKEN!"
- „Es gibt Lehrer und Lehrerinnen, die Personen sind – Sie wollen Kindern etwas beibringen, sie verdienen Geld, sie sind schlau, wenn ein Lehrer redet, darf kein Schüler reden."
- „Lehrer sind sehr wichtig. Sie bringen uns was bei."
- „Lehrer sind da, um uns was beizubringen. Und eigentlich nicht da, um uns leise zu halten, denn wir müssen uns eigentlich selber leise kriegen."
- „Wir müssen auf die Lehrer hören. Und nicht reden, wenn Lehrer reden!"
- „Lehrer: Respekt!? Für Lehrer: Respekt."
- „Der Lehrer bringt den Schülern alles bei, was sie wissen sollten."
- „Sie bringen den Schülern was bei, sie sind schlau, sie haben studiert, sie wissen viel und sie sind groß und sie können laut schreien, wenn jemand Streit hat helfen sie (aber nicht alle Lehrer helfen)."
- „Lehrer sind da, damit sie uns was zeigen. Lehrer zeigen uns das Lesen, Rechnen und Schreiben."
- „Lehrer sind dafür da, um den Schülern etwas für den Beruf beizubringen, sie sollen den Schülern auch helfen, dass sie sich (nicht?) gegeneinander aufhetzen oder beschimpfen und so was. Sie sollen uns den Lernstoff beibringen."

- „Lehrer sind hier, um Schüler zu unterrichten (also LERNEN). Auch Probleme zu klären."
- „Die Lehrer sind dafür da, den Schülern was beizubringen."
- „Die Lehrer sollen uns helfen, was zu lernen. Lehrer vergeben ungerne schlechte Noten, wie wir sie kriegen."
- „Lehrer sind Männer und Frauen, die den Kindern was beibringen wollen und auch sollen."
- „Lehrer sind dafür da, um Schülern etwas beizubringen und Probleme zu lösen!! Und Aufsicht zu halten."
- „Lehrer sind dafür da, um uns was beizubringen. Die Lehrer lernen auch was von uns Kindern."
- „Die Lehrer wollen uns was beibringen! Damit wir unseren Abschluss kriegen und nicht auf der Straße sitzen…"
- „Ein Lehrer hat die Verantwortung was beizubringen, uns zu helfen."
- „Die Lehrer unterrichten, damit wir etwas lernen."
- „Lehrer sind Respektspersonen die bei Verstößen bestrafen und die Schüler belehren."

Bei diesem Faktor, sehen Sie, welche Erwartungen die Schüler an Sie als Lehrperson stellen. Sie können dies weiter thematisieren, indem Sie ihre Schüler danach befragen, was für sie einen guten und was einen schlechten Lehrer ausmacht. Danach können Sie selbst mitteilen, was Sie sich als Lehrer wünschen, damit Sie Ihren Unterricht so halten können, wie Sie es sich vorstellen.

3.3.3 Klasse

Eine 5. Klasse einer Integrierten Gesamtschule sollte nach ca. 5 Wochen den folgenden Arbeitsauftrag ausführen:

Was fällt euch zum Stichwort Klasse ein? Was verbindet ihr damit? Schreibt alles auf was euch einfällt!

Die Schüler gaben folgende Antworten:
- „Die Klasse sollte zusammen halten und nicht gegeneinander sein."
- „Ist eine Gemeinschaft, wo ganz viele Kinder zusammen halten."
- „In einer Klasse ist: Klassengemeinschaft, Zusammenhalten, sich verstehen."
- „Eine Klasse muss zusammenhalten und sich nicht streiten und immer für einander da sein."

- „Die Klasse ist eine Gemeinschaft, die zusammenhält."
- „Klasse bedeutet eine Gemeinschaft, die zusammenhalten soll und wo man sich wohl fühlen soll."
- „Ein Raum mit einer Tafel, Stühle und Tische und ein Pult, Schüler, die zusammenhalten sollten."
- „Ist ein großer Raum, wo wir was lernen können. Und eine Klasse hält zusammen. Lehrer können nicht einen unterrichten, dafür gibt es eine Klasse."
- „Die Klasse ist eine Gemeinschaft, die zusammenhält und die helfen sich, wenn man Probleme hat."
- „Wir müssen immer aber auch immer unsere Klasse sauber halten und fegen, Blumen gießen und noch mehr zu unseren Klassenkameraden immer nett sein, auch wenn man sie nicht mag."
- „Die Klasse sollte eine Gemeinschaft bilden und aufeinander Rücksicht nehmen. Wenn die Klasse leise ist und gut gelaunt, dann macht der Unterricht mehr Spaß."
- „Ist eine Gemeinschaft, die sich gegenseitig hilft, um was zu lernen!"
- „Die Klasse hat kleine Probleme, die dann zu großen Problemen werden. Die Klasse wird immer laut sein."
- „Klassen sind: Tische, Stühle, Kinder, Erwachsene, Tafel."
- „Die Klasse ist eine Gemeinschaft aus Schülern und 1 Lehrer, die zusammen Klassenfahrten und Ausflüge immer zusammen was macht!"
- „Die Klasse ist dazu da, dass man viele Freunde hat u.s.w., dann will man auch mehr in die Schule kommen."
- „In einer Klasse ist: Klassengemeinschaft, zusammenhalten, ganz viele Schüler, ein Lehrer, nicht streiten, zuhören, nicht petzten, leise sein."
- „Klasse ist eine Gemeinschaft, die sich gegeneinander vertrauen sollen und das die sich mögen und nicht beleidigen gegeneinander."
- „In einer Klasse ist das Wichtigste, dass man zusammen hält. Am besten sollten die Schüler ihre Mitschüler nicht verraten."
- „Die Klasse muss leise sein, damit jeder was verstehen kann. Sie muss sauber sein. Und man muss zusammenhalten."
- „Eine Klasse ist eine GEMEINSCHAFT, die sich vertrauen, helfen, die (alles) zusammen hinkriegen… Probleme, aber auch die Lautstärke."
- „Die Klasse ist dafür da, dass die Mitschüler sich gegenseitig helfen."
- „Gemeinschaft!?"
- „Die Klasse ist eine Gemeinschaft von Kindern und Jugendlichen, die sich gegenseitig stützen soll und zusammen auskommen, so dass sie auch zusammen arbeiten und lernen können."

- „Man muss zusammenhalten und sich nicht beleidigen."

Unter Klasse wird der Begriff erklärt, den die höheren Klassenstufen unter dem Begriff Klassenklima verstehen. Hier geht es hauptsächlich um Gemeinschaft und den Zusammenhalt. Ein toller Ausgangspunkt, um die Schüler danach zu befragen, wie man eine Gemeinschaft und einen starken Zusammenhalt entwickeln kann.

3.3.4 Schule
Eine 5. Klasse einer Integrierten Gesamtschule sollte nach ca. 5 Wochen den folgenden Arbeitsauftrag ausführen:

Was fällt euch zum Stichwort Schule ein? Was verbindet ihr damit? Schreibt alles auf was euch einfällt!

Die Schüler gaben folgende Antworten:
- „Schule ist da, um zu lernen und einen guten Abschluss zu haben."
- „Die Schule ist eine Bildung und man sollte was lernen."
- „Schule ist dafür da, um zu Lernen! Und einen guten Abschluss zu bekommen."
- „Schule ist dafür da damit Schüler in die Schule gehen und lernen."
- „Schule ist da, um zu lernen. Damit man einen tollen Beruf hat ist ein Gebäude wo voll viele Leute da sind."
- „In der Schule sollte man was lernen und dabei Spaß haben."
- „Schule ist ein je nachdem großes Gebäude, wo sich Kinder, Jugendliche und auch erwachsene Leute aufhalten, um zu lernen und zu arbeiten (für Geld verdienen)."
- „In die Schule komme ich, um zu lernen und nicht um Quatsch zu machen!"
- „Ein warmer Platz, wo sich jeder gemütlich hinsetzen kann und lernen natürlich!! Jeder will mit einem guten Abschluss aus der Schule gehen!!!"
- „Ein Direktor, Schüler und Lehrer, Gebäude, Räume – Personen, Sachen, Lernen, Für die Zukunft."
- „Schule ist dafür da, dass man was lernt. Das wir einen schönen Abschluss machen."
- „Für die Zukunft!? (Lernen für die Zukunft)."
- „Ist da zum Lernen und da, um aufzupassen. Und nicht für rumschreien und rumtoben."

- „Ist da, um zu lernen und sich gegenseitig helfen! Und eine gute Arbeit und Abschluss kriegen, Ist ein Gebäude."
- „Wir gehen zur Schule, um zu lernen und auch unsere Aufgaben zu machen."
- „Die Schule ist zum Lernen da, sie ist wichtig für die Zukunft, denn wenn man erstmal aus der Schule raus ist, hat man fast keine Möglichkeit mehr alles zu wiederholen."
- „Schule ist ein Gebäude, wo sehr, sehr viele Kinder sind, die was lernen."
- „In der Schule kann man lernen, damit wir unser Abi kriegen. Die Schule ist groß und hier sind viele nette Kinder. Hier kann man lernen für das Abitur."
- „Da sind Lehrer, ein Direktor, Schulsozialarbeit und zum Lernen."
- „Da sind Lehrer und Schüler, eine Schule ist groß da ist ein Direktor. Da lernt man. Da ist eine Schulsozialarbeit. Schule ist auch für die Zukunft und man muss zuhören, damit man die Familie ernähren kann."
- „Die Schule ist dazu da, um was zu lernen und einen Abschluss zu bekommen und nicht in 10 Jahren auf der Straße zu landen."
- „Die Schule ist aufgeteilt, hat zwei Arten: Grundschule und die weiterführende Schule. Die Schule ist das Gebäude, wo Klassen und Lehrer sich aufhalten, um zu lernen."
- „Schule ist da zum Lernen."
- „Schule ist für einen guten Abschluss."
- „Dieses Gebäude wurde gebaut, damit wir darin lernen können."

Schule wird hier als Gebäude thematisiert, worin gelernt wird. Es geht den Schülern um ihre Zukunft und einen guten Schulabschluss. Wie das Gebäude gestaltet sein sollte, um richtig gut darin lernen zu können, wird von keinem Schüler beantwortet. Das wäre ein Ansatz, den man in einem Gespräch vertiefen könnte, um zu erfahren, was eine positive Lernatmosphäre ausmacht.

3.4 Sozialverhalten bei positivem Klassenklima

Ein Mensch, der sich ohne Probleme in seiner Umwelt, unter und mit seinen Mitmenschen zurechtfindet, hat ein positives Sozialverhalten. Das heißt nicht, dass sich der Mensch immer anpassen muss. Er muss eine gefestigte Identität haben und zwischen Richtigem und Falschen aufgrund seines moralischen Rechtsempfindens unterscheiden können. In der Schule fasst man unter Sozialverhalten bestimmte Sozialkompetenzen zusammen, die Schüler für den späteren Übergang in den Beruf besitzen sollten.

Um das Sozialverhalten überprüfen zu können, existieren eine Reihe von Kompetenzen, die ein Schüler im Hinblick auf seine Fähigkeit gemeinschaftlich Handeln zu können, besitzen sollte.

Notwendige Kompetenzen

1. Personale und soziale Kompetenzen:

- Mitverantwortung
- Kritikfähigkeit
- Hilfsbereitschaft
- Verantwortungsfähigkeit
- Einfühlungsvermögen
- Menschenkenntnis
- Einfühlungsvermögen
- Kontakte
- Verhalten
- Zuverlässigkeit

Zusammengefasst:
Der Schüler lässt sich rasch und bereitwillig auf neue Aufgaben ein, demonstriert Offenheit durch seine Körpersprache (Gestik/Mimik), wirkt wach, offen, interessiert und aufgeweckt. Lernt aus Fehlern. Stellt Fragen, nimmt rasch Informationen auf und bezieht sie adäquat ein. Sein Verhalten gegenüber Erwachsenen ist angemessen.

2. Lernkompetenz

- Motivation
- Lernbereitschaft
- Initiative
- Leistungsbereitschaft

Zusammengefasst:
Der Schüler wirkt engagiert und dynamisch, hat Spaß und Freude an den übertragenen Aufgaben, wirkt motivierend auf seine Mitschüler, arbeitet initiativ und aktiv.

3. Kommunikative Kompetenz:

- Sprache
- Gesprächsverhalten
- Ausdruck

- Umgangsformen
- Argumentationsfähigkeit

Zusammengefasst:
Der Schüler spricht in zusammenhängenden Sätzen, ist akustisch gut verständlich, kann sich inhaltlich und sprachlich klar und deutlich ausdrücken, formuliert flüssig, spricht langsam, artikuliert, setzt körpersprachliche Mittel ein.

4. Teamkompetenz

- Kooperation
- Konfliktfähigkeit
- Teamfähigkeit/Dynamik
- Egoismus
- Toleranz
- Regeln
- Einfühlungsvermögen

Zusammengefasst:
Der Schüler ermutigt die Mitschüler zur Beteiligung, greift Ideen, Wünsche, Meinungen seiner Mitschüler bereitwillig auf, stellt offene Fragen, schafft insgesamt eine konstruktive und kooperative Atmosphäre, hält Blickkontakt zu seinen Gruppenmitgliedern, hört anderen zu, ist nicht auf seinen eigenen Vorteil bedacht, ist kritikfähig.

5. Problemlösekompetenz

- Ausdauer
- Arbeitsmethodik
- Flexibilität
- Belastungsfähigkeit
- Anpassungsfähigkeit
- Verhandlungsfähigkeit

- Zusammengefasst:

Der Schüler steht zu seiner Meinung, auch bei Kritik durch Partner. Er gibt bei Problemen nicht auf, zeigt Humor, reagiert gelassen bei Fehlern und Schwächen, wirkt insgesamt entspannt, arbeitet ausdauernd und zielorientiert, erscheint trotz Anforderungen ausgeglichen und ruhig. Verfügt über eine normale Frustrationsgrenze.

6. Realistische Selbsteinschätzung
- Selbstreflexion

Zusammengefasst:

Der Schüler kann sich selbst reflektieren. Kennt seine Stärken und Schwächen und ist in der Lage sein Handeln darauf abzustimmen.

(nach Schulsozialarbeit Wiesbaden)

Stärken und Schwächen kennen

Damit ein Schüler diese Kompetenzen erlernt, sollten Sie ihn durch Lob fördern, d. h. jedes Mal, wenn z. B. ein Schüler sehr aktiv in der Stunde war, loben Sie ihn dafür. Beginnen Sie, negative Vorkommnisse nur zu stoppen und kurz zu thematisieren, aber nicht lange zu diskutieren, sondern in eine Zeit nach der Stunde auszulagern. Am Beispiel des Schwätzens hieße das, dass Sie das Schwätzen unterbinden, indem Sie die Schüler zum Aufpassen auffordern. Verfahren Sie nicht nach dem Motto, jede Störung hat Vorrang und muss direkt ergründet werden. Wenn Sie dies so handhaben, dann kommen Sie zu keinem Unterricht mehr und Ihre Schüler nutzen gerade dies gnadenlos aus. Es wird also nicht diskutiert, warum gerade geschwätzt wurde, das können Sie kurz nach der Stunde mit den betroffenen Schülern besprechen, was Sie ihnen auch direkt mitteilen. Für Sie ist es zwar ärgerlich, wenn Sie dadurch in der Fünf-Minuten-Pause hetzen müssen oder einen Teil Ihrer großen Pause verlieren, aber für Ihre Schüler ist dies genauso ärgerlich, wenn nicht noch ärgerlicher. Damit erkennen Ihre Schüler, dass es keinen Sinn macht, durch negatives Verhalten Aufmerksamkeit zu provozieren, denn innerhalb der Klasse erhalten Sie keine. Weil nicht über das negative Verhalten gesprochen wird und die Schüler zu allem Überfluss einen Teil ihrer Freizeit verlieren, um ihr negatives Verhalten mit Ihnen zu besprechen, werden sie negatives Verhalten vermeiden. Größere negative Vorkommnisse besprechen Sie nach der letzten Stunde oder innerhalb der Klassenleiter-/Klassenratsstunde.

Wenn Sie es schaffen, dass das positive Verhalten in der gesamten Klasse anerkannt ist, dann regulieren sich die Schüler damit bald von ganz alleine. Der Mensch passt sich an die Umgebung an, von der er beeinflusst wird.

Dies nennt sich Sozialisation. Ist das positive Verhalten also bei allen Schülern beliebt, weil es dafür Lob und Anerkennung gibt, werden sich die Schüler lieber alle so verhalten, anstatt Gefahr zu laufen, bei schlechtem Verhalten zum Außenseiter zu werden. Im Grunde möchte dies kein Schüler und schon gar nicht diejenigen, die am „coolsten" sein wollen. Durch eine funktionierende Klassengemeinschaft, die sich letztendlich im Verhalten selbst regulieren kann, weil sie weiß, was positiv und was negativ ist, entwickeln sich die einzelnen Schüler moralisch weiter, sodass sie zu selbstständigem, reflektiertem Verhalten fähig sind.

Der Schüler passt sich im Laufe der Zeit an seine Klasse an, identifiziert sich mit ihr und verhält sich entsprechend.

3.5 Auswirkungen des Klassenklimas

Ihre Schüler haben ein komplexes Lebensumfeld. Sie bringen Probleme von zu Hause mit in die Schule, in Ihren Unterricht und in die Klasse. Jeder Schüler ist eine eigene Persönlichkeit. In der Klasse kommen viele Persönlichkeiten zusammmen und es entwickelt sich eine ständige Dynamik, die Sie als Klassenlehrer anfangs in die richtige Richtung lenken müssen, damit ein positives Klassenklima entsteht. Schüler in der Unterstufe bedürfen noch mehr der Anleitung als Schüler in der Mittel- oder Oberstufe.

Die soziale Entwicklung, die Kinder durchlaufen, besteht im Grunde aus einem Paradoxon. Einerseits sind Menschen gesellschaftliche Wesen, die mit anderen in Verbindung stehen und andererseits sind Menschen individuelle Wesen, was sie von anderen abgrenzt. Die soziale und personale Entwicklung verändert sich im Laufe der Zeit, weil man die Fähigkeit verbessert, mit anderen Menschen umzugehen und man weiß, was einen vom anderen unterscheidet. Die persönliche Identität des Individuums, d.h. die Entwicklung des Selbstgefühls, die Frage: „Wo ist mein Platz in der Welt, so wie ich sie erlebe?" möchte ich in diesem Buch zurückstellen. Ich konzentriere mich auf die Sozialisation, d.h. die Fähigkeit, mit anderen Menschen zusammen zu leben und so ein respektiertes und akzeptiertes Mitglied der Gesellschaft zu werden, das mit anderen Menschen auskommt. Sozialisation bedeutet auch, seine eigenen Wünsche und Gewohnheiten zurückstellen zu können und nicht immer nur seine eigene Position herauszuarbeiten. Sozialisation und Individuation schließen sich als gemeinsamer Prozess nicht aus. Die Individuation können Sie als Lehrer allerdings besser im Unterricht fördern, indem Sie gezielte Unterrichtseinheiten dazu durchnehmen. Auch Interaktionen zwischen Schülern liefern Rückmeldungen zur eigenen Persönlichkeit und helfen ihnen, sich moralisch weiter zu entwickeln. Innerhalb der Klasse müssen die Beziehungen zwischen den Schülern gepflegt werden, damit sie etwas über sich und andere lernen.

Denn Klassengruppen sind in der Regel nicht nur Ansammlungen einzelner Kinder, sondern sie sind mehr als die Summe ihrer Teile." [...] „Diese Atmosphäre ist im allgemeinen dafür verantwortlich, ob das Lernen angeregt oder gehemmt wird. (DREIKURS 2009, S. 99)

Bei einem positiven Klassenklima haben es Schüler generell leichter, über ihre Probleme zu Hause zu reden, sie fühlen sich von den Mitschülern angenommen und entwickeln Freundschaften, die sie stützen. Dies hat einen erheblichen Einfluss auf das Wohlbefinden und die Gesundheit der Schüler. Auch die Lernmotivation steigt, wenn gute Noten innerhalb der Klassengemeinschaft anerkannt sind und Schüler, die sehr erfolgreich sind, nicht als Streber gelten und so zu Außenseitern werden.

Wenn sich die Schüler in ihrer Klasse von ihren Mitschülern akzeptiert und unterstützt fühlen, dann wird die Klasse zu ihrer Klasse.

Die Zukunft gehört nach allem, was wir heute wissen und abschätzen können, den Teams" [...] „Denn nur auf diese Weise lässt sich die nötige Kommunikation und Kooperation zwischen Schüler/innen sicherstellen, diegewährleistet, dass sich diese wechselseitig inspirieren und ermutigen, fragen und kontrollieren, unterstützen und vergewissern. (KLIPPERT 2002, S. 14)

4 Eigenverantwortung ohne zu überfordern

Fragt man Schüler einer 5. Klasse: „Was kann ich tun, damit es im Unterricht leise ist?" bekommt man nicht selten diese Antworten:

- „Wir halten uns an die Regeln der Lehrer und sind ruhig."
- „Der Lehrer muss schreien, damit wir leise sind."
- „Die Kinder, die laut sind, bekommen einen Eintrag."
- „Dass von allen Kindern der Mund mit Tesa zugeklebt wird."
- „Dem Lehrer bescheid sagen."
- „Ich kann tun, dass ich leise bin, denn manchmal bin ich schon laut. Das gebe ich zu."
- „Keine Ahnung."

(5. Klasse einer Integrierten Gesamtschule, 07.12.2008)

Man sieht an den Antworten, dass diese Schüler mit der Frage, was sie dafür tun können, damit es im Unterricht leise ist, überfordert sind. Während die einen „keine Ahnung" haben, was sie tun können, oder dies nicht wirklich ausführen: „Ich kann tun, dass ich leise bin [...]", schieben die anderen die Verantwortung für das Leisesein auf den Lehrer, der dafür zuständig sein soll. Hier zeigt sich die Hilflosigkeit der Schüler, von denen etwas gefordert wird, das sie selbst noch nicht umsetzen können. Die Schüler sind in ihrer Entwicklung nicht weit genug, um das Problem selbstständig und alleine lösen zu können. Zuvor haben sie anscheinend keine Angebote erhalten, um das Leisesein zu üben, sondern nur Sanktionen erfahren, die durch den Lehrer ausgesprochen wurden, wenn gegen das Leisesein verstoßen wurde.

Kinder sind keine kleinen Erwachsenen! Schüler sind nicht automatisch kleine Erwachsene, die die Welt von Anfang an begreifen und in jeder Situation wissen, wie sie handeln sollen. Der Sozialpsychiater Michael Winterhoff weist in seinen Büchern ganz deutlich darauf hin, dass vielen Kindern heutzutage die psychische Reife fehlt, „auf deren Grundlage alles Weiterführende überhaupt erst greifen kann" (vgl. WINTERHOFF, 2010, S. 19). Mit der psychischen Reife ist u. a. die Moralentwicklung gemeint. Lawrence Kohlberg ist der Auffassung, dass es, um die Moralstufen zu begreifen, hilfreich ist, sie in eine Abfolge der Entwicklung der Gesamtpersönlichkeit einzuordnen.

Dabei müssen die Individuen die Moralstufen Schritt für Schritt durchlaufen (vgl. LAWRENCE, 1996, S. 123 f.). Die moralische Urteilsfähigkeit misst sich im Endeffekt am Handlungsergebnis sowie am Argumentationsniveau, mit dem die Handlungen jeweils begründet werden (vgl. TILLMANN, 1999, S.227). Das heißt, wie es auch Winterhoff formuliert, dass Kinder wieder als Kinder gesehen werden müssen. „Heute sind wir dazu übergegangen, sie uns als kleine Erwachsene ebenbürtig zu machen und damit restlos zu überfordern" (WINTERHOFF, 2010, S.20). Kinder werden in Rollen gezwungen, die sie nicht ausfüllen können, weil sie die Stufen der moralischen Entwicklung noch nicht durchlaufen haben. Für uns Lehrer bedeutet das, dass wir unter dem Oberbegriff der Erziehung auch für die Bildung der Psyche zuständig sind. Um die Psyche von Kindern zu bilden, ist das ständige Training ihrer Funktionen notwendig (vgl. WINTERHOFF, 2010, S.64). Unter psychischen Funktionen versteht man z.B. die Frustrationstoleranz, Gewissensinstanz, Arbeitshaltung, Leistungsbereitschaft, aber auch Weltbilder, „also eine ganz bestimmte Art und Weise, wie wir die Welt um uns herum und unsere Position in ihr wahrnehmen und interpretieren" (vgl. WINTERHOFF 2010, S.39). Wir Lehrer müssen Schülern also ihre Grenzen aufzeigen und ihnen Aufgaben geben, denen sie gewachsen sind und sie nicht überfordern.

Die Aufgabe „im Unterricht leise zu sein", überfordert die Kinder, weil sie die Kompetenz, sich selbst regulieren zu können noch nicht besitzen. Einigen fällt es zudem gar nicht auf, dass sie im Unterricht laut sind, weil sie noch keine Selbstwahrnehmung haben. Andere stört dies nicht, weil sie ein Weltbild haben, in dem sie stets im Mittelpunkt stehen und keine Einschränkungen erfahren, wie sie es von zu Hause aus gewohnt sind. Wir als Lehrer haben die Aufgabe, den Schülern bewusst zu machen, warum sie im Unterricht leise sein müssen und wie sie dies am besten für sich selbst umsetzen können. D.h. für jeden Schüler, der etwas mitteilen möchte, ist es ungeheuer frustrierend und ärgerlich, wenn ihm keiner zuhört. Leise zu sein bedeutet, dass der Mund geschlossen ist, die Lippen aufeinanderliegen und kein Geräusch erzeugt wird. Hier knüpft sich zudem das Training der Gesprächsregeln an. Vielleicht üben Sie in Ihrer Klasse Gesprächsrituale ein, z.B. nur derjenige Schüler, der einen kleinen Ball in der Hand hält, darf sprechen. Bei solchen Ritualen müssen Sie sich als Lehrer allerdings herausnehmen. Sie dürfen zu jeder Zeit sprechen, auch wenn Sie keinen Ball in der Hand halten, denn Sie sind eine erwachsene Person, die bereits weiß, wie sie sich im Gespräch verhält. Damit werden den Schülern die verschiedenen Rollen bewusst, in denen sich jeder befindet. Sie als Lehrer sind ein Erwachsener und grenzen sich automatisch von Ihren Schülern ab, weil Sie bereits die moralischen Stufen durchlaufen haben.

Schüler müssen zunächst an die Übernahme von Aufgaben herangeführt werden. Je kleinschrittiger und kontrollierter dies am Anfang geschieht, desto selbstständiger erlernen die Schüler dies und sind dann wirklich in der Lage, selbst Verantwortung zu übernehmen.

Verantwortung übernehmen lassen

Verantwortung zu übernehmen beginnt immer im Kleinen. Nehmen wir das Beispiel Pflanzen im Klassenraum. Entscheiden Sie sich generell nur für Pflanzen im Klassenraum, wenn dies die Schüler wirklich wollen. Denn am Anfang ist es leichter, Schülern die Verantwortung für etwas zu übertragen, was sie auch selbst wollten. Lassen Sie die Schüler an der Auswahl der Pflanzen teilhaben, aber machen Sie selbst Vorschläge, zwischen denen sich die Schüler entscheiden können, da nicht alle Pflanzen für den Klassenraum geeignet sind. Sobald die Pflanzen da sind, lassen Sie sie eintopfen, damit die Schüler von Anfang an begreifen, dass die Verantwortung für das Wohlergehen der Pflanzen Arbeit bedeutet. Teilen Sie zunächst die Schüler ein, die sich um die Pflanzen kümmern müssen. Diese Einteilung sollten Sie jede Woche wechseln. Erklären Sie den Schülern, wie viel Wasser die Pflanzen benötigen, wann sie gedüngt werden müssen und was mit gelben Blättern oder welken Blüten geschehen soll. Je kleinschrittiger Ihre Anweisungen sind, desto sicherer werden die Schüler mit den Pflanzen umgehen, weil sie informiert sind und mit ihrer Aufgabe nicht allein gelassen wurden. Erstellen Sie für die Ferien einen Plan, welcher Schüler welche Pflanze in Pflege nimmt und klären Sie den Transport frühzeitig. Spätestens in der 10. Jahrgangsstufe sollten die Schüler dies alles selbst organisieren können. Hier zeigt sich die langjährige Übung.

Schüler sollen und müssen Aufgaben und somit Verantwortung übernehmen. Das heißt jedoch nicht, dass den Schülern neue Aufgabenfelder ohne Anleitung überlassen werden. Der Lehrer muss zu Beginn immer den Rahmen setzen und die Schüler müssen sukzessive an die Verantwortungsübernahme herangeführt werden. Diese kleinschrittige Vorgehensweise ist notwendig, damit Schüler die Funktionen ihrer Psyche ausbilden können und so z. B. zu Kompetenzen im Sozialverhalten gelangen.

Wichtig ist außerdem, dass Schüler in der Unter- und Mittelstufe, teilweise sogar noch in der Oberstufe als Kinder gesehen werden und nicht als gleichberechtigte Partner oder Erwachsene. Das sind sie nämlich nicht und das würde sie auch überfordern.

4.1 Klassendienste

Keine Klasse funktioniert ohne die Übernahme von Klassendiensten, außer man ist als Lehrer bereit, die Schüler aus ihrer Verantwortung zu nehmen und sich selbst um alle Dienste in der Klasse zu kümmern, was allerdings für den Lernprozess der Verantwortungsübernahme der Schüler sehr kontraproduktiv wäre.

Teilen Sie pro Klassendienst immer 2-3 Schüler ein, nicht mehr und nicht weniger. Bei dieser Anzahl können sich die Schüler gegenseitig Hilfestellung geben und sich gegenseitig kontrollieren, aber es sind zu wenige, um sich vor der Arbeit drücken zu können. Am Ende einer jeden Woche, besprechen Sie mit den Gruppen und der gesamten Klasse die Dienstwoche. Nutzen Sie hierfür die Klassenleiter- oder Klassenratsstunde. Fragen Sie die Gruppen, wie die Arbeitsaufteilung verlief, wie die Arbeit war, was gut lief und was schlecht. Verwenden Sie immer das gleiche Frageschema, damit die Schüler hierin Routine erhalten:

- Was lief gut bei meinem Dienst?
- Was lief schlecht bei meinem Dienst?
- Gab es etwas, dass meine Arbeit erleichtert/erschwert hat?
- Wie habe ich mich in der Gruppe gefühlt?
- Hat die Zusammenarbeit mit den anderen Schülern funktioniert/nicht funktioniert? Woran hat es gelegen?

Es ist generell wichtig, dies zu besprechen, weil hierbei eventuell Schwierigkeiten deutlich werden, die die Schüler bei ihrer Arbeit hatten. Die Schüler sollen zudem eine Rückmeldung zu ihrer Position und der Zusammenarbeit innerhalb der Kleingruppe oder Partnerarbeit geben. Es wird deutlich, dass Sie als Lehrer das Arbeitsverhalten Ihrer Schüler kontrollieren und sich somit keiner verstecken oder sich vor der Arbeit drücken kann. Die restlichen Schüler der Klasse, die gerade von keinem Klassendienst betroffen waren, können ebenfalls eine Rückmeldung geben, nämlich ob aus ihrer Sichtweise die Aufgaben alle gut erledigt wurden oder nicht. Loben Sie und kritisieren Sie, wenn es notwendig ist, aber geben Sie auch Hilfestellungen, damit es beim nächsten Mal besser funktioniert.

Sie können für die Arbeitshaltungen, also die Zuverlässigkeit und das Gelingen der Aufgabe den Gruppen Punkte geben, sodass am Ende des Schuljahres die beste Gruppe mit einer Kleinigkeit belohnt wird, z. B. einer Urkunde oder einer anderen Anerkennung. Im günstigsten Fall wechseln die Gruppenzusammensetzungen immer wieder, sodass jeder Schüler in der Klasse mit jedem zusammengearbeitet hat. In diesem Fall erhalten die einzelnen Schüler die Fleißpunkte. Bei diesem Wettkampf lernen die Schüler spielerisch, die Verantwortung zu übernehmen. Je öfter die Schüler innerhalb eines Schuljahres mit den Diensten an die Reihe kommen, desto größer ist ihre Chance, mit der Aufgabe vertraut zu werden und diese sicher zu bewältigen.

Folgende Klassendienste können Sie einteilen:

- Tafel wischen, trocknen, Kreide besorgen.
- Fenster öffnen und lüften vor jeder Pause, Licht ausschalten, wenn niemand in der Klasse ist, die Fenster am Ende des Schultages schließen.
- Ordnung halten, den Klassenraum säubern, Papierkörbe entleeren.
- Arbeitsblätter für kranke Mitschüler in einen Ordner heften, die Hausaufgaben für jedes Fach mitschreiben, Klassenarbeitstermine anheften/ auf die Notiztafel schreiben.
- Falls Pflanzen oder Tiere vorhanden sind (in vielen Schulen erfreuen sich zurzeit Aquarien immer größerer Beliebtheit): Pflanzen pflegen, düngen; Tiere versorgen.

4.2 Ziele zeigen/geben – Die Klasse zum Team machen

Eine Klasse in ein funktionierendes Team zu verwandeln, ist bei einigen Klassen schwieriger als bei anderen. Mit den richtigen Zielsetzungen, die Sie als Lehrer der Klasse geben, sollte dies letztendlich aber bei jeder Klasse funktionieren.

Im Gegensatz zu den Klassendiensten (Kapitel 4.1) geht es bei der Teambildung einer Klasse nicht darum, dass die einzelnen Schüler die Verantwortung für sich und ihr Tun übernehmen, sondern dass die einzelnen Schüler sich in die Klasse integrieren und für das Gemeinschaftsprojekt oder Ziel der gesamten Klasse die Verantwortung tragen.

Eine positive Gruppendynamik erzeugen

Damit die Klasse gemeinsam etwas erreichen möchte, müssen Sie ein Ziel setzen, das jeder Schüler Ihrer Klasse unbedingt erreichen will. Dieser Wille löst eine positive Gruppendynamik aus.

Lassen Sie die Schüler wählen, was ihr Ziel sein soll. Sie können als Lehrer die Zielwahl natürlich begrenzen, indem Sie zuerst Vorschläge machen, zwischen denen sich Ihre Schüler entscheiden sollen. Ein gemeinsames Ziel könnte z. B. ein Ausflug, ein Kinonachmittag in der Schule, eine Klassenparty oder eine gemeinsame Übernachtung in der Schule sein.

In einigen Schulen treten Klassenteams gegeneinander an und erarbeiten sich durch Teamspiele und Aktionen einen „Goldenen Klassenbuchstaben", der die hervorragende soziale Zusammenarbeit einer Klasse würdigt und auf den gerade jüngere Klassen sehr stolz sind.

Bei allen Aktionen geht es darum, dass die Klasse als Team Aufgaben löst. Jeder Schüler in der Klasse ist dabei gefordert. Das gegenseitige Vertrauen und der Wunsch, gemeinsam etwas erreichen zu wollen, ist die Grundlage dafür, aus einer Klasse ein Team wachsen zu lassen.

Folgende Teamaufgaben wurden von mir zusammen mit Kollegen erarbeitet, gesammelt und ausprobiert:

Gordischer Knoten
Material: keins

Spiel: Die Schüler stellen sich im Kreis auf, schließen die Augen und halten ihre Arme und Hände waagrecht nach vorne. Auf Signal des Lehrers bewegen sich die Schüler langsam nach vorne ins Kreisinnere. Wenn sie eine Hand zu fassen bekommen, halten sie diese fest. Wenn jeder Schüler zwei fremde Hände zu fassen bekommen hat, öffnen alle die Augen. Nun ist ein großer Knoten entstanden, der gelöst werden muss, ohne dass die Schüler ihre Hände loslassen, damit wieder ein oder jetzt vielleicht zwei Kreise entstehen.

(Falls der Knoten unlösbar ist, sollte die Handpaarung vom Lehrer getauscht werden).

Vertrauenskreis
Material: keins

Spiel: Alle Schüler, bis auf einen, stellen sich in einem Kreis auf, der in der Mitte des Kreises steht. Die Schüler lehnen mit ihren Schultern dicht und fest aneinander und stecken ihre Arme in die Mitte des Kreises aus. Der Schüler in der Mitte des Kreises spannt alle seine Muskeln an und lässt sich steif nach vorne und nach hinten fallen. Dabei wird er vom Rest der Gruppe immer aufgefangen und vorsichtig zurückgestoßen. Nach Möglichkeit sollten alle Schüler einer Klasse in der Mitte des Kreises gewesen sein.

Seilknoten
Material: Seile, (Tücher, um die Augen zu verbinden.)

Spiel: Die Schüler stehen im Kreis und halten sich an den Händen fest. Der Lehrer unterbricht den Kreis an beliebigen Stellen und spannt zwischen die Schüler die Seile. Die Gruppe löst sich nun zu einer Reihe und muss versuchen in die Seile Knoten zu knüpfen, ohne sich dabei loszulassen.

Schwierigkeitsgrad: Man kann mit einem Seil beginnen und danach die Anzahl auf beliebig viele steigern. Einigen Schülern kann man mit Tüchern die Augen verbinden.

Seilkreis

Material: Ein großes Seil, das alle Schüler anfassen können.

Spiel: Die Schüler stehen im Kreis und halten sich alle am Seil fest. Sie gehen in die Hocke und versuchen sich durch gleichzeitiges Aufstehen im nach hinten gelehnten Zustand gemeinsam hochzuziehen.

Variationen:

a) Mit dem Seilkreis kann zudem die Balance einer Gruppe ausgetestet werden. Zieht die eine Hälfte stärker an dem Seil, droht die andere Hälfte der Gruppe umzufallen. Um dies auszugleichen, müssen die Schüler untereinander absprechen, wer wann in Aktion treten kann.

b) Die Schüler halten sich, indem sich die Schüler abwechselnd nach vorne und nach hinten fallen lassen und in der nächsten Runde die Position tauschen, d. h. wer vorne war lässt sich nach hinten fallen und umgekehrt. So entsteht ein Gleichgewicht, das alle trägt.

Schnürsenkel

Material: Ein Seil von mindestens 25 m Länge, Baum oder Pfosten in der Sporthalle

Spiel: Die Schüler teilen sich in zwei möglichst gleich große Gruppen auf. Jede Gruppe hält das Seil an einem Ende fest (dabei sollte darauf geachtet werden, dass jeder Schüler wirklich ein Stück Seil in den Händen hält). Die Schüler müssen nun, ohne das Seil loszulassen, eine Schnürsenkelschleife um einen Baum oder einen Pfosten in der Sporthalle binden.

Variante: Die Schüler legen einen Knoten/Achterknoten auf dem Boden.

Mathematische Formen

Material: Ein Seil mit einer Länge von ca. 25 m

Spiel: Die Schüler fassen das Seil mit beiden Händen an und schließen die Augen. Nun erteilt der Lehrer die Aufgabe aus dem Seil die Form eines Quadrats, Rechtecks, Kreises, Dreiecks zu legen. Wenn die Schüler meinen, die Aufgabe erfüllt zu haben, legen sie das Seil auf dem Boden ab und betrachten sich das Ergebnis.

Marterpfahl

Material: Ein Seil mit einer Länge von ca. 25 m

Spiel: Die Schüler stellen sich um einen fiktiven Marterpfahl eng aneinander. Der Lehrer bindet mit dem Seil alle Schüler zusammen. Die Schüler müssen nun zusammengeschnürt einen bestimmten Weg zurücklegen und zu einem Ziel gelangen.

Schwierigkeitsgrad: Verschiedene Hindernisse müssen auf dem Weg überquert werden.

Bonbonpapier

Material: große reißfeste quadratische Abdeckplane, Tücher zum Verbinden der Augen

Spiel: Die Klasse stellt sich auf die quadratische Abdeckplane, die auf dem Boden liegt. Ziel ist es, die Plane komplett zu wenden, ohne dass ein Spieler die Plane verlässt.

Schwierigkeitsgrad: Manchen Mitspielern kann man mit Tüchern die Augen verbinden. Die Schüler dürfen, wenn sie einmal auf der umgedrehten Seite waren nicht mehr zurück.

Lösung: Die Abdeckplane wird wie ein Bonbonpapier aufgedreht, d. h. die eine Ecke der Plane wird langsam diagonal auf die andere Seite gedreht. Die Abdeckplane wird immer weiter gedreht, je mehr Schüler von einer Ecke auf die andere wechseln.

Spinnennetz

Material: Zwei Bäume oder Pfosten, Kordel, Wäscheklammern

Spiel: Zunächst muss das Spinnennetz aufgebaut werden. Dazu werden mehrere Kordelstücke zwischen die beiden Bäume bzw. Pfosten gespannt. Zwischen diese waagrechten Kordelverbindungen werden noch senkrechte Verbindungen geknüpft. Insgesamt müssen so viele Löcher vorhanden sein, wie es Schüler gibt.
Nun muss die gesamte Klasse von der einen Seite durch das Netz auf die andere Seite gelangen. Jedes Loch darf nur einmal benutzt werden. Wenn ein Loch benutzt wurde, wird eine Wäscheklammer dran gehangen, als Kennzeichen, dass hier niemand mehr durch darf.

Schwierigkeitsgrad: Die Schüler dürfen die Kordel nicht berühren. Wenn die Kordel berührt wurde, muss der Schüler, der die Kordel berührt hat wieder zurück. Oder: Das gesamte Spiel beginnt von vorne!

Transport

Material: Runder offener Ring mit Seilstücken oder Wäscheleinenstücken, die daran angeknotet sind, Tennisball, 2 Rohre. Für die Variante: kleines offenes Gefäß mit Löchern am Rand, kleine Schüssel oder Topf, Tücher, um die Augen zu verbinden

Spiel: Die Klasse nimmt die Seilstücke (jeder Schüler hat ein Seilstück in der Hand) in die Hand und spannt diese. Auf einem in den Boden gesteckten Rohr liegt ein Tennisball.

Um das Rohr liegt der runde offene Ring. Nun müssen die Schüler die Seilstücke anspannen, damit der Ring in die Höhe geht und den Ball aufnimmt. Die Schüler müssen den Tennisball mit Hilfe der gespannten Seilstücke bis zum zweiten Rohr transportieren, auf das sie ihn wieder ablegen müssen.

Variante: Die Schüler haben anstelle des runden offenen Ringes mit dem Tennisball, ein kleines Gefäß in der Mitte, das mit Wasser gefüllt ist. Dieses Gefäß muss, ohne dabei Wasser zu verlieren zu einer Schüssel gebracht werden, in die es gegossen wird.

Schwierigkeitsgrad: Alle Schüler haben die Augen verbunden bis auf zwei, die die Gruppe instruieren.

Stumme Kommunikation

Material: eine Sportbank, auf der alle Schüler der Klasse nebeneinander sitzen

Spiel: Alle Schüler der Klasse setzen sich nebeneinander auf die Sportbank. Der Lehrer erteilt die Anweisung, dass sich die Schüler nach Geburtstagen, Anfangsbuchstaben der Vornamen oder Nachnamen, der Körpergröße oder Schuhgröße nach etc. sortieren sollen. Die Schüler müssen das Spiel bewältigen, ohne miteinander zu reden und die Sportbank darf nicht verlassen werden, d. h. die Schüler müssen beim Platzwechsel immer noch mit einer Hand oder dem Fuß an der Bank festhalten.

Nicht immer geht es bei gemeinsamen Aktionen um Spaß und sportliche Aktivitäten. Eine Klasse kann auch daran wachsen, sich gezielt zu beraten. Eine Beratungsaufgabe wäre z. B.: Wie packe ich meine Schultasche?

Viele Schüler haben Probleme, ihre Tasche optimal zu packen, sodass die Materialien für den Unterricht vollständig vorhanden sind, nichts vergessen wurde und Ordnung in der Tasche herrscht. Einige Schüler üben zu Hause mit ihren Eltern das Packen der Tasche und werden regelmäßig kontrolliert, bei anderen Schülern achtet niemand darauf. Im Austausch darüber können Schüler voneinander lernen. Klären Sie die Frage direkt an der konkreten Sache. Geben Sie Ihren Schülern eine Schultasche, Schulbücher, Hefte, Mäppchen und einen Stundenplan für die gesamte Woche. Lassen Sie die Schüler die Tasche packen und sich gegenseitig nützliche Tipps geben. Danach geht jeder an seine eigene Schultasche und kontrolliert diese. Müll wird weggeworfen, die Hefte und Bücher werden ordentlich einsortiert, Stifte werden gespitzt. Jeder Schüler sollte eine Packung Papiertaschentücher und ein Pflaster in seiner Tasche vorrätig haben. Gegebenenfalls teilen Sie diese Utensilien selbst aus.

Eine weitere Möglichkeit, etwas gemeinsam zu gestalten, ist der Geburtstagskalender der Klasse. Bilden Sie dazu Gruppen von Schülern, die im selben Monat Geburtstag haben und lassen Sie sie jeweils gemeinsam ein Plakat gestalten. Dieses Plakat muss alle Namen und Geburtstage der jeweiligen Gruppe enthalten. Später muss die gesamte Klasse den Geburtstagskalender im Klassenraum aufhängen und darüber beratschlagen, was die Geburtstagskinder an ihrem Geburtstag erhalten sollen: z. B. ein selbst geschriebenes Klassengeburtstagslied etc.

Ihnen fallen bestimmt noch jede Menge weitere Teamaufgaben ein.

4.3 Freude-/Kummerkasten

Ein Freude-/Kummerkasten in der Klasse ist dafür gedacht, dass die Schüler alle ihre Anliegen, ob positive oder negative in schriftlicher Form in den Kasten werfen können. Manchen Schülern fällt es leichter, ihre Anliegen schriftlich vorzubringen und sie dann vorlesen zu lassen, weil sie sich selbst nicht trauen oder ihnen ihre Probleme peinlich sind. Für den Kasten existieren einige Regeln:

1. Die Schüler können sich entscheiden, ob sie auf ihren Zettel ihren Namen schreiben oder ihn anonym einwerfen. (Wenn ein Schülername auf einem Zettel steht und dieser Schüler in der Klassenleiter-/Klassenratsstunde nicht anwesend ist, dann wird der Zettel nicht vorgelesen und besprochen).
2. Es dürfen keine Beleidigungen auf den Zetteln stehen. Sollten welche dabei sein, werden sie nicht vorgelesen.
3. Nur der Lehrer darf den Kasten öffnen und dies geschieht ausschließlich in der Klassenleiter-/Klassenratsstunde im Beisein der Schüler.
4. Nur der Lehrer liest die Zettel laut vor. (Wenn der Kasten über längere Zeit eingeführt wurde, können das auch die Klassensprecher übernehmen).

5. Positive Zettel sollten mit Applaus belohnt werden. Hier einige Beispiele für positive Nachrichten einer 5. Klasse einer Integrierten Gesamtschule:

- „Hallo Kummerkasten! Ich finde, dass Sunita eine gute Klassensprecherin ist. Ich finde es gut, dass es Sunita geworden ist."
- „Ich fand es toll, dass es bei Frau Sommer leise war."
- „Ich finde die Klasse nett und hoffe auch, dass es auch die Klasse auch findet."
- „In der Woche war kein Streit mehr. Freude!!! Sunita"
- „Ich finde es gut, dass es nicht mehr so viel Streit gibt in der Klasse."
- „Also ich finde die Lesestunde bei Frau März voll cool und dann sind wir alle leise."
- „Ich fands gut, dass Sina, Marjam und Mounira leise waren bei der Ethikstunde."
- „Ich und Ann-Kathrin sind keine Erzfeinde mehr."
- „Ich finde es gut, dass Dunja und Lea wieder Freunde sind!"
- „Musik war heute richtig geil."
- „Es ist cool, dass es den Kummerkasten gibt."
- „Mir hat gefallen, dass wir den Krokodil-Film gesehen haben."

6. Negative Zettel werden von der gesamten Klasse nach folgendem Schema besprochen:

- Was ist das Problem?
- Wer ist daran beteiligt?
- Was war der Anlass?
- Was kann man tun, um das Problem zu lösen?
- Eine Zielvereinbarung zwischen den verschiedenen Parteien wird getroffen.

7. Der gesamten Klasse kommt eine Beratungsfunktion zu und am Ende haben alle die Aufgabe, zu überprüfen, ob die Zielvereinbarungen eingehalten wurden. In der nächsten Klassenleiter-/Klassenratsstunde gibt es dazu eine Rückmeldung.
Hier einige Beispiele für die Themenvielfalt der negativen Zettel einer 5. Klasse einer Integrierten Gesamtschule:

- „Hallo Klasse! Wir werden manchmal von 7. und 8. Klässlern geärgert und Brian regt sich da voll auf dann wird er von Frau Meier angeschrien. Und die 8. Klässler haben Nietenbänder an. Und als wir es Herrn Höfer gesagt haben, hat er nur gelacht."

- „Lieber Kummerkasten, der Chian schreibt im Unterricht Briefe. Er beschwert sich über mich, aber er macht es selbst. Das finde ich ungerecht."
- „Ich habe mit Paulina Streit. Ich verstehe eigentlich den Grund gar nicht. Sie ist voll komisch zu mir. Nina"
- „Alle nennen mich Kriselfurz. Ich will das nicht, aber sie lassen es nicht. Was soll ich tun? Von Kristina"
- „Es ist doof, dass der Kehrdienst nicht gut fegt."
- „Es werden sehr viele Sachen in der Klasse geklaut."
- „Die Jungs aus der 5b sind voll gemein und beleidigen uns."
- „Ich finde es nicht gut, wenn sich zwei Kinder streiten, dass die ganze Klasse laut wird."
- „Ich finde es traurig, dass Helena mich, also sie verhält sich so komisch, sie sagt, dass sie in den Ferien mehr mit der Sahra machen will, dabei wollte sie mit mir ins Fantasialand. Ich bin traurig, dass Helena sich so verhält."
- „Lieber Kummerkasten! Ich finde es blöd, dass wir Mädchen nie mit den Jungs zusammen spielen können, weil Brian immer aggressiv wird, wenn wir fragen. Wir hoffen, dass wir uns bald gut verstehen!"

Wenn Sie den Freude-/Kummerkasten neu einführen, müssen Sie davon ausgehen, dass er am Anfang sehr voll ist. Die Themen sind zudem sehr vielfältig, wie die Beispiele zeigen. Das relativiert sich allerdings mit der Zeit und die Schüler gehen dazu über, nur noch wirklich wichtige Anliegen dort hineinzuwerfen.

4.4 Klassenratsstunden

In früheren Zeiten gab es ausschließlich Klassenleiterstunden. Das waren Stunden, in denen der Lehrer mit seiner Klasse alles Organisatorische besprach oder Probleme thematisierte, falls welche vorhanden waren. Gab es keine Anliegen für die Stunde, wurde meist ganz normaler Unterricht durchgeführt. Heute ist man dazu übergegangen, Klassenratsstunden einzuführen. Die Klassenratsstunden sollen alleine von den Schülern nach einem bestimmten System geleitet werden. Der Klassenrat soll ein Selbstbestimmungsorgan der Klasse sein, an dem alle Schüler gleichberechtigt teilnehmen. Ursprünglich war der Klassenrat als Instrument der Demokratie gedacht, heute verändert sich dieses jedoch immer mehr zum Instrument der Problemlösung.

Egal, wie Sie als Klassenlehrer diese Stunde nennen und handhaben, nutzen Sie die Stunde, die Sie mit Ihren Schülern zur Verfügung haben, als Raum für Diskussionen und Problemlösungen bzw. arbeiten Sie an der Teambildung. Alles, was nicht zum unmittelbaren Unterricht gehört, sollte in diese Stunde verlagert werden. Es empfiehlt sich, hierfür einen Sitzkreis zu bilden, damit jeder jeden ansehen kann. Manche Schulen haben die Möglichkeit, einen speziellen Raum zur Verfügung zu stellen. Manchmal nimmt sogar die Schulsozialarbeit an diesen Stunden teil. Nutzen Sie Möglichkeiten, um auch Fachkollegen einzuladen, falls Probleme mit Ihrer Klasse in dessen Unterricht aufgetreten sind. Damit wird nicht über einen betroffenen Lehrer in Abwesenheit gesprochen, sondern dieser nimmt an der Stunde teil und kann seine Ansichten vertreten. Hierzu müssen natürlich die verschiedenen Stundenpläne berücksichtigt werden, ggf. sollte mit einem Kollegen getauscht werden.

Leiten und moderieren Sie als Lehrer zunächst die Stunde oder überlassen Sie dies der Schulsozialarbeit an Ihrer Schule. Erst viel später, wenn die Klasse zu einem Team geworden ist und den Ablauf der Stunde genau kennt, lassen Sie Schüler moderieren. Wenn dies funktioniert, können die Schüler auch selbst den Ablauf der Stunde bestimmen und organisieren.

Falls es keine Probleme in der Klasse gibt, nutzen Sie die Stunde, um Ihre Klasse als Team zu festigen. Belohnen Sie die Klasse, indem Sie Spiele spielen, die einen Spielleiter benötigen. Dieser hat die Verantwortung für den reibungslosen Ablauf des Spiels. Mischen Sie Spielgruppen immer wieder neu und spielen Sie Spiele, bei denen es nicht auf das Gewinnen ankommt, sondern darauf, Aufgaben sorgfältig und verantwortungsbewusst zu lösen. Damit fördern Sie immer wieder die Sozialkompetenzen ihrer Schüler.

4.5 Wandertage/Klassenfahrten

Wandertage oder Klassenfahrten sind Zeiträume, in denen eine Klasse viel länger als an normalen Schultagen zusammen ist. Diese Tatsache bietet viele Möglichkeiten. Man kann Wandertage als Teamtage planen, an denen es um ein gemeinsames Erlebnis geht. Sucht man sich z. B. die Möglichkeit des Wanderns aus, so kann man dies als Teamaufgabe gestalten, indem jeder Schüler eine Aufgabe erhält, die zusammen mit allen gelöst werden muss, um zum Ziel zu gelangen.

Auf Klassenfahrten stehen ebenfalls das Gemeinsame und das Miteinander im Vordergrund. Dies beginnt bereits morgens beim gemeinsamen Frühstück. Viele Kinder kennen das von zu Hause gar nicht mehr. Auf einer

Klassenfahrt sollte für jeden Tag ein Essensdienst eingeteilt sein, der für das Tischdecken und –abräumen zuständig ist.

Für das gemeinsame Wohnen in einem Zimmer, müssen die Regeln vorher klar sein. Sie sollten die Zimmer jeden Abend mit folgendem Bewertungsbogen kontrollieren und entsprechend Punkte vergeben.

Zum Beispiel so:

Klassenfahrt nach:	Berlin
Namen:	Alex, Lars, Marcus, Sergej, Hasan
Datum:	3. 4.
Zimmernummer:	12
Sauberkeit (Müll auf dem Boden etc.)	+
Ordnung (Betten gemacht, Kleider hängen im Schrank etc.)	+
Raumluft (Ist gelüftet worden?)	–
Besonderheiten (Hat sich das Zimmer für den Lehrerbesuch etwas ausgedacht?)	Rap komponiert
Tagesergebnis (Pluspunkte +)	3 +

Belohnen Sie die Schüler, die am Ende der Klassenfahrt die meisten Punkte haben mit einer Urkunde und einer Kleinigkeit. Küren Sie auch die Schüler, die die wenigsten Punkte erreicht haben und überreichen Sie diesen z. B. Putzschwämme.

Für einige Schüler ist die Klasse während der Fahrt eine Ersatzfamilie. Die Schüler lernen ihre Bedürfnisse zum Wohl aller zurückzustellen, sich in die Gemeinschaft einzubringen, Rücksicht aufeinander zu nehmen und aufeinander zu achten.

Ein Team funktioniert nur als Ganzes. Kämpfen Sie dafür, dass jeder Schüler an der Klassenfahrt teilnimmt. Teilweise ist dafür bei den Eltern Überzeugungsarbeit zu leisten.

Klassenfahrt

Klassenfahrt nach:	
Namen:	
Datum:	
Zimmernummer:	
Sauberkeit (Müll auf dem Boden etc.)	
Ordnung (Betten gemacht, Kleider hängen im Schrank etc.)	
Raumluft (Ist gelüftet worden?)	
Besonderheiten (Hat sich das Zimmer für den Lehrerbesuch etwas ausgedacht?)	
Tagesergebnis (Pluspunkte +)	

Methoden zur Regulierung der Gruppe/Klasse

Aus dem Training von Kapitel 1 wissen die Schüler bereits, was unter Unterrichtsstörungen zu verstehen ist und können verschiedene Arten von Störungen unterscheiden. Die Schüler haben mit Ihnen Klassenregeln erarbeitet und wissen, wie sie sich im Unterricht verhalten sollen. Sie haben mit Ihnen die Wichtigkeit der Klassenregeln für die Gemeinschaft der Klasse thematisiert und diese vielleicht an dem einen oder anderen Beispiel praktisch verdeutlicht. Trotzdem wird es immer wieder Schüler geben, die gegen diese Regeln verstoßen werden. Die Gründe dafür sind verschieden.

Bevor die Klasse gelernt hat, sich selbst als Gruppe zu regulieren, sind Sie als Lehrer für die Konsequenzen der Regelverstöße der Schüler zuständig, was ich in Kapitel 5.1 aufgreifen werde.

In den weiteren Unterkapiteln werden Sie gezielt mit Methoden vertraut gemacht, die Sie mit Ihrer Klasse durchführen können, damit sich die Klasse nach und nach selbst zu regulieren lernt. Alle Methoden erfordern zunächst ein konsequentes Einüben und ständiges Wiederholen. Dadurch lernt die Klasse schrittweise, mit den Methoden umzugehen und sie nach einiger Zeit von alleine anzuwenden.

Die Selbstregulierung erfolgt innerhalb einer gut funktionierenden Klassengemeinschaft nach einiger Zeit ganz automatisch und wird so selbstverständlich wie andere eingeübte Rituale durchgeführt. Man muss den Schülern allerdings zuerst Methoden anbieten, mit denen sie sich regulieren können. Wesentlich ist, dass die Methode zur Klasse passt und von ihr anerkannt ist, dann wird die Klasse die Methode nach einiger Zeit selbstständig praktizieren. Außerdem müssen die Methoden zu Ihrer Lehrerpersönlichkeit passen. Wenn dies nicht der Fall ist und Sie sich damit nicht wohl fühlen, dann wirkt die gesamte Maßnahme für die Schüler nicht authentisch und sie nehmen den ganzen Prozess nicht mehr ernst, was eine Selbstregulierung nicht möglich machen würde.

Den Schülern verschiedene Methoden anbieten

Sie können die Methoden, die Sie in den nächsten Kapiteln kennenlernen, beliebig miteinander kombinieren. Schön ist es, wenn die Fachkollegen die Methode, die die Klasse anwendet, aufgreifen und im eigenen Unterricht ebenfalls umsetzen lassen. Damit wird die Methode schneller gefestigt und für die Schüler zur Routine.

5.1 Konsequenzen bei Regelverstößen

Als zuständiger Lehrer sind Sie zunächst für die Einhaltung der Regeln verantwortlich, aber auch für die Umsetzung der Konsequenzen bei Regelverstößen. Die Konsequenzen bei einem Regelverstoß können Sie gemeinsam mit Ihren Schülern festlegen. Schüler sind meistens strenger zueinander als man denkt. Geben Sie Ihren Schülern vor, zwischen welchen Konsequenzen sie wählen können. Manchmal haben die Schüler selbst sehr gute Ideen, wenn es um Regelverstöße zwischen Schülern geht, wie z. B. einen Entschuldigungsbrief an den Mitschüler verfassen, der bei einem Streit betroffen ist, o. Ä. Achten Sie in jedem Fall darauf, Ihre Schüler nicht zu überfordern. Geben Sie allgemeingültige Konsequenzen nur dann vor, wenn die Regelverstöße das alltägliche Schulgeschäft betreffen, wie z. B. Schwätzen.

Sind die Regelverstöße heftiger Art oder häufen sie sich ungewöhnlich, dann nehmen Sie sich Zeit für diesen Schüler und gehen Sie mit ihm in ein Einzelgespräch. Verlagern Sie in jedem Fall das Geschehen aus Ihrer Unterrichtsstunde, sodass die Schüler keine Möglichkeit haben, mit Ihnen in einen Machtkampf zu treten und Sie eventuell vor der gesamten Klasse bloßzustellen. Zur Vorbereitung auf ein wirkliches Gespräch eignet sich ein Arbeitsblatt (siehe Kopiervorlage auf Seite 77), das die Schüler in ihrem Beisein ausfüllen sollen.

Manche Schüler nehmen das Arbeitsblatt zunächst nicht ernst und versuchen weiter zu provozieren, indem sie folgendermaßen antworten:

Beispiel 1:
zu 1. Ich war laut.
zu 2. Ich wollte nicht leise sein.
zu 3. Ich störe Sie.
zu 4. Ich habe keine Lust auf Deutsch.
zu 5. Ich werde lauter reden.

Beispiel 2:
zu 1. Radiergummi geworfen.
zu 2. Kein Plan
zu 3. Kein Plan
zu 4. Kein Plan
zu 5. Kein Plan

Beispiel 3:
zu 1. Ich habe nichts gemacht.
zu 2. Ich habe gar nichts gemacht.

Selbstreflexion bei Unterrichtsstörungen

Datum: Stunde: Fach:

_____

Name:

_____

1. Benenne die Regel, gegen die du verstoßen hast.

_____

_____

2. Beschreibe dein Verhalten, durch das diese Regel nicht eingehalten wurde.

_____

_____

_____

3. Nenne die Folgen, die dein Verhalten für deine Mitschüler und die Lehrer hat.

_____

_____

_____

4. Nenne den Grund deines Verhaltens.

_____

_____

_____

_____

5. Was planst du für dein Verhalten in Zukunft und dessen Umsetzung?

_____

_____

_____

_____

zu 3. Ich habe doch überhaupt nichts gemacht.

zu 4. Nichts gemacht.

zu 5. Ich habe nichts gemacht, dann kann ich auch nichts ändern.

(Beispiele einer 6. Klasse einer Integrierten Gesamtschule).

Nehmen Sie solche Antworten trotzdem als Redeanlass und versuchen Sie, mit den Schülern ernsthaft ins Gespräch zu kommen. Bleiben Sie bei der Kommunikation ruhig und versuchen Sie darzulegen, was Sie gestört hat und warum. Legen Sie Ihren Standpunkt deutlich dar. Erklären Sie, dass sie unterrichten wollen, sodass jeder Schüler etwas dazulernt und die Möglichkeit hat, gute Noten zu erzielen. Befragen Sie die Schüler nach ihrer Position und bleiben Sie hartnäckig. Wenn Schüler in eine Schweigephase treten, lassen Sie ihnen Zeit und sagen sie ihnen das auch. Brechen Sie kein Gespräch ab, bevor Sie nicht den Ansatz einer Zielvereinbarung, wenigstens für die kommende Woche, getroffen haben und den Eindruck haben, dass es der Schüler auch wirklich ernst mit der Zielvereinbarung meint.

Es gibt Schüler, bei denen die Hilflosigkeit und die Überforderung mit einer Situation deutlich wird, nach dem Sie das Arbeitsblatt ausgefüllt haben.

Beispiel:

1. Ich darf im Unterricht nicht reden.
2. Weil ich gelacht habe. Und weil ich die ganze Zeit Rede!
3. ?
4. Weil es keinen Spaß macht, im Unterricht nur 1 Stunde rumsitzen, das macht keinen Spaß! Die sollen froh sein, dass ich nicht mehr mache!
5. Dass ich mich nicht mehr neben Ninawa setzen werde und aufpasse!

(Beispiel einer 6. Klässlerin einer Integrierten Gesamtschule).

Hier wird die Unzufriedenheit der Schülerin sichtbar, die im Grunde mit dem Unterrichtsstoff überfordert ist, nicht mehr mitkommt, sich deshalb nicht in das Unterrichtsgeschehen einbringen kann und somit aus Langeweile stört. Das ist ein Kreislauf, der durchbrochen werden muss. Bei diesem Beispiel geht es nicht um Konsequenzen für die Störung, sondern um Hilfe für die Schülerin, damit der Unterricht verstanden wird und wieder aktiv daran teilgenommen werden kann. Wenn das der Fall ist, dann verschwinden die Störungen in diesem Fall von ganz alleine.

Auch wenn sich die Schüler nach einiger Zeit mit den verabredeten Methoden selbst regulieren können, müssen Sie als Lehrer trotzdem immer ein Auge auf die Gründe der Störungen haben. Die Schüler können zwar dazu angeleitet werden, dass sie für Ruhe sorgen, aber das eigentliche Problem wäre damit im letzten Beispiel nicht gelöst. Die Schülerin braucht Unterstützung beim Lernen und dafür sind Sie als Lehrer verantwortlich. Sie haben immer die Möglichkeit, die Klasse mit in Lernprozesse einzubeziehen und können hier z. B. anregen, Lerngruppen zu gründen, die sich gegenseitig unterstützen und helfen. In gut funktionierenden Klassengemeinschaften tun dies die Schüler meistens von alleine und treffen sich zum Lernen sogar zu Hause.

Dadurch, dass die Schüler angeregt werden, gegenseitig auf sich zu achten, kommen sie miteinander in engeren Kontakt. Die Schüler vertrauen sich gegenseitig mehr an, als zunächst Ihnen als Lehrperson. In einer gut funktionierenden Klassengemeinschaft sprechen die Schüler offen über ihre Probleme in der Klassenleiter/Klassenratsstunde, weil sie wissen, dass sie von ihren Mitschülern Unterstützung und Beratung erhalten.

5.2 Klatschen

Das Klatschen ist eine Methode, bei der vorwiegend die Störung in Form von Lärm mit rhythmischem Lärm bekämpft wird. Diese Methode ist besonders bei musischen Klassen beliebt. Sobald ein größerer Unruheherd aufkommt, beginnen zunächst Sie einen Rhythmus vorzuklatschen. Wählen Sie zuerst leichtere Rhythmen, bei denen alle Schüler die Möglichkeit haben, ohne Probleme mitzuklatschen. Später kann man den Schwierigkeitsgrad der Rhythmen steigern. Die Schüler steigen nach und nach in den Rhythmus ein. Wenn alle Schüler klatschen, hören Sie auf und dann müssen sofort auch alle Schüler aufhören und zum normalen Unterrichtsgeschehen zurückkehren. Das funktioniert natürlich nicht sofort beim ersten oder zweiten Mal des Klatschens. Sie müssen die Methode zuerst häufig genug einüben und mit den Schülern trainieren. Mit der Zeit beginnen die Schüler selbst einen Rhythmus vorzugeben, wenn es ihnen zu laut in der Klasse ist, in den alle einstimmen müssen. Dadurch, dass kein Rhythmus fest vorgegeben ist, hat jeder Schüler selbst die Möglichkeit, sich einen solchen auszudenken, wodurch es nie langweilig wird. Es wird, wie anfangs beim Lehrer, mit dem Klatschen aufgehört, wenn der Schüler, der begonnen hat, aufhört zu klatschen. Bei dieser Methode müssen die Schüler genau aufeinander achten, was letztendlich auch der Sinn der gesamten Übung ist. Zudem fördert das Mitklatschen im Rhythmus die Konzentration und lässt Nebenschauplätze verschwinden.

Ein wunderbares Erlebnis für mich als Klassenlehrerin war, als ich eine Aufsicht gleichzeitig in zwei Klassen zu führen hatte und dadurch leider immer nur in einer präsent sein konnte. Ich gab meiner Klasse einen Arbeitsauftrag und befand mich kurzzeitig in der anderen Klasse. Als ich auf dem Rückweg in meine eigene Klasse war, vernahm ich auf dem Flur ein rhythmisches Klatschen und kehrte in eine wirklich stille Klasse zurück, in der alle Schüler konzentriert an ihren Arbeitsaufträgen saßen und arbeiteten.

Mit rhythmischen Übungen kann man alle Schüler begeistern, denn sie werden von allen Schüler beherrscht und kosten keine Überwindung, um daran teilzunehmen. Bei Übungen, die sich gruppendynamisch entwickeln, geht es um das Gemeinsame. Niemand in der Gruppe wird bloßgestellt, wie es z. B. bei den sogenannten Tafellisten der Fall ist. Bei den Tafellisten werden meistens die beiden Klassensprecher dazu aufgefordert, störende Mitschüler an die Tafel zu schreiben. Solche Maßnahmen haben den Charakter des Anprangerns und sind nicht dazu geeignet, die Gemeinschaft und das Vertrauen untereinander zu fördern.

Beim Einsatz des Klatschens ist Vorsicht geboten, da dies leicht ausarten kann. Die Schüler sollen nicht beginnen, bei jeder Kleinigkeit zu klatschen. Die ganze Klasse muss trainiert werden, möglichst schnell in den Rhythmus einzusteigen und dann sofort wieder aufzuhören, sonst wird nämlich die ganze Stunde über nur noch geklatscht und es findet kein Unterricht mehr statt.

Wenn Sie vereinzelte Störungen von Schülern wahrnehmen, unterbinden Sie diese, indem Sie sich direkt auf diese Unruheherde zu bewegen und die unmittelbare Nähe zu ihnen suchen, ohne dass geklatscht werden muss. Die Schüler werden dadurch von ganz allein wieder auf das Wesentliche aufmerksam und es besteht kein Grund mehr, die gesamte Klasse zum Klatschen zu animieren. Die Klatsch-Methode ist immer eine Ermessenssache. Die Schüler lernen mit der Zeit, ihre Lautstärke und Störungen selbst einzuschätzen und angemessen darauf zu reagieren.

5.3 Lärmampel

Beim Einsatz der Lärmampel-Methode hat man zwei Möglichkeiten.

Die erste Möglichkeit wäre, dass man eine elektronische Lärmampel für die ganze Klasse besorgt. Elektronische Ampeln kann man entweder über verschiedene Schulverlage beziehen oder es gibt an der Schule motivierte Physiklehrer, die mit begabten Schülern als Projekt solche Ampeln bauen.

Diese Ampel misst den Lärmpegel in der Klasse und erteilt eine Rückmeldung darüber, indem sie von grün auf gelb auf rot springt. Bei Stufe rot ertönt ein Signalton. Die professionellen elektronischen Ampeln sind verschieden einstellbar, d. h., man kann die Ampel entweder sehr empfindlich einstellen, damit sie sehr schnell reagiert oder eben etwas robuster, damit doch noch ein Toleranzbereich vorhanden ist. Meistens wird von den Herstellern empfohlen, die Ampel in Gruppenarbeitsphasen, in denen nur gemurmelt werden soll, empfindlich einzustellen.

Die Lärmampel-Methode ist für sehr unruhige Klassen nicht geeignet. Es kann vorkommen, dass die Ampel dort in einer Stunde 70-mal einen Signalton von sich gibt und das wäre eine zusätzliche Lärmbelastung. Die elektronische Ampel hat zudem den Nachteil, dass sie für die Schüler sehr ablenkend wirkt, weil alle ständig dorthin schauen, um zu sehen auf welcher Farbstufe sie gerade steht. Die elektronische Lärmampel ist vielmehr ein Instrument, das von außen reguliert und den Schülern praktisch nur eine Rückmeldung über ihre Lautstärke erteilt. Andere Störungen können hier gar nicht aufgegriffen werden.

Die zweite und meiner Meinung nach bessere Möglichkeit einer Ampel, ist die einer selbstgebauten. Jeder Schüler hat diese selbstgebaute Ampel, wie zu Beginn des Schuljahres sein Namenskärtchen vor sich auf dem Tisch stehen. Die Ampel hat eine ganz simple Bauanleitung: Jeder Schüler benötigt drei Toilettenpapierrollen. Jede Rolle wird mit einer Farbe beklebt: grün, gelb und rot. Die Toilettenpapierrollen fungieren als Ampel. Es darf immer nur eine Rolle auf dem Tisch stehen, die anderen beiden müssen unter dem Tisch sein oder in der Tasche liegen. Der Wechsel der Farben funktioniert schnell und ohne große Ablenkung zu verursachen.

Sind nun mehrheitlich rote Ampeln auf den Tischen zu finden, ist das das Zeichen, dass viele Störungen stattfinden. Die Störungen bestehen bei dieser Variante nicht nur aus dem Lärmpegel, sondern können auch alle anderen Arten der Störungen umfassen. Wenn die Störungen beseitigt sind, tauschen die Schüler die roten Ampelrollen gegen grüne aus. Bei dieser Ampelvariante spielt die Sitzordnung eine entscheidende Rolle, denn es sollten sich möglichst alle Schüler gut sehen können. Bei dieser Variante lernen die Schüler zudem die Empfindungen ihrer Mitschüler wahrzunehmen und können direkt erkennen, was von diesen als störend empfunden wird. Bei der selbstgebauten Ampelvariante muss man darauf achten, dass jeder Schüler seine Ampelrollen immer dabei. Hier ist die beste Lösung, alle Ampelrollen im Klassenschrank aufzubewahren. So besteht auch die Möglichkeit, dass diese Methode von den anderen Fachlehrern angewandt werden kann.

5.4 Trillerpfeife

Die Trillerpfeife ist die Abwandlung des Ruhezeichens, das viele Schüler kennen. Allerdings kann diese Methode auch bei allen Störungen, nicht nur bei Lärm angewendet werden. Beim Ruhzeichen wird der Zeigefinger der einen Hand auf den Mund gelegt und die andere Hand mit offener Handfläche gehoben. Für Grundschüler ist diese Variante akzeptabel und die Schüler sind damit zu aktivieren, aber wenn man dieses Zeichen in der Sekundarstufe, auch als Lehrer praktizieren soll, so nimmt die Begeisterung der meisten Schüler und Lehrer hierfür deutlich ab.

Bei der Trillerpfeifenvariante kann der Lehrer eine echte Trillerpfeife mitbringen und pfeift einmal. Damit macht er deutlich, dass dies ein Signalton ist. Danach zeigt der Lehrer den Schülern, wie so eine Trillerpfeife genau aussieht. Beim Trillerpfeifenzeichen wird nun in Anlehnung daran, die eine Hand wie bei einem lauten Pfiff mit Daumen und Mittelfinger an den Mund gehalten, natürlich ohne ein Geräusch abzugeben, und die andere Hand hält diese Hand fest. Damit wird in etwa die Form der Trillerpfeife nachgebildet. Es ist wichtig, dass beide Hände in Aktion kommen, damit die Schüler nicht mit der nicht genutzten Hand einer anderen Beschäftigung nachgehen können und sich wirklich auf dieses Signalzeichen konzentrieren. Für Schüler ist das Trillerpfeifenzeichen wesentlich „cooler" als das Ruhezeichen. Auch hier gilt, dass die Schüler sehr auf sich achten müssen, damit sie wahrnehmen, wann Mitschüler das Zeichen zeigen und daraufhin dann selbst mitmachen. Wenn alle Schüler das Zeichen zeigen, muss die Störung beseitigt sein.

Damit ein Schüler nicht ewig das Zeichen vormachen muss, ohne das eine Reaktion geschieht, können Sie als Lehrer den Vorgang beschleunigen. Unterbrechen Sie das, was Sie gerade tun und schenken Sie dem Schüler Ihre Aufmerksamkeit. Damit nehmen die anderen Schüler ebenfalls das Zeichen wahr. Auch dieses Ritual muss eingeübt und ständig trainiert werden.

5.5 Plus-/Minus- Liste

Die Plus-/Minus-Liste ist einerseits die Konsequenz aus dem Verhalten der Schüler, weil sie sich damit entweder ein Plus oder ein Minus verdienen können. Andererseits ist diese Liste aber auch ein Mittel zur Regulation, weil die Klasse gerne einen Pluspunkt möchte und genauestens darauf achtet, dass dies kein Mitschüler durch sein Verhalten verhindert.

Man kann die Plus-/Minus- Liste in Kombination mit den Regulierungsmethoden 5.1-5.3 verwenden, indem man die Schüler mit einem Pluspunkt belohnt, wenn das Ritual schnell und problemlos funktioniert. Tauchen in der Stunde allerdings nur Störungen auf, dann erhält die Klasse einen Minuspunkt.

Die Regeln der Plus-/Minus-Liste sind einfach: Erhalten die Schüler so viele Pluspunkte, wie es Schüler in der Klasse gibt, dürfen sie sich etwas wünschen. Der Wunsch sollte allerdings vorher ausgehandelt sein, damit die Schüler wissen, für was sie sich ins Zeug legen. Alle Minuspunkte müssen zusätzlich durch Pluspunkte ausgeglichen werden.

Beispiel: Eine Klasse besteht aus 30 Schülern. Somit müssen die Schüler 30 Pluspunkte sammeln, denn so viele sind sie. Wenn die Klasse nun noch 7 Minuspunkte auf der Liste hat, dann müssen die Schüler insgesamt 37 Pluspunkte sammeln, weil die Minuspunkte durch Pluspunkte ausgeglichen werden müssen. Wenn die Bedingungen erfüllt sind, erhalten die Schüler ihren Wunsch.

Ein Wunsch kann z. B. eine Klassenübernachtung, ein Nachmittag auf der Eislaufbahn, ein Kinoabend im Klassenzimmer, eine Klassendisco etc. sein.

Die Plus-/Minus- Liste sollte als großes Plakat immer deutlich sichtbar im Klassenraum hängen. Der Vorteil davon ist, dass auch jeder Fachlehrer bei dieser Methode mitmachen kann. Wenn die Klasse einen Pluspunkt oder einen Minuspunkt erhält, wird das vom jeweiligen Lehrer eingetragen, der das Datum und die Stunde dazu schreibt und mit seinem Kürzel unterschreibt.

Wenn es einen Schüler geben sollte, der der Klasse die Pluspunkte verderben möchte, weil er keine Lust hat, dass sich der Wunsch erfüllt, dann wird das in der Klassenleiter/Klassenratsstunde thematisiert. Der Schüler muss sich erklären und den anderen sein Verhalten begründen. Die Klasse regelt solche Zwischenfälle erfahrungsgemäß sehr fair. Die Schüler lernen dabei im Gespräch ihren Ärger auszudrücken und ihre Positionen zu verdeutlichen. Auch die Störenfriede werden nach der Aussprache wieder ins Team integriert. Das Team arbeitet als Team, um zusammen etwas zu erreichen.

5.6 Sitzordnung

Die Sitzordnung dient vielen Lehrern als Regulationsinstrument, weil sie leise neben laute Schüler setzen können. Das fördert aber nicht das Klassenklima, ganz im Gegenteil. Denn wenn bisher immer nur Freunde nebeneinander saßen und nun der Platz unfreiwillig gewechselt werden soll, kommt sehr schnell Unmut auf und den spürt nicht nur der Lehrer, sondern auch die Mitschüler.

Man sollte Schüler von Beginn an daran gewöhnen, den Platz regelmäßig zu wechseln. Das heißt, in einem Schuljahr sollte jeder Schüler neben jedem seiner Mitschüler gesessen haben und auch an jedem Platz in der Klasse. Wenn die Schüler dieses System von Anfang an gewöhnt sind, wird kein Widerspruch aufkommen. Falls die Schüler dieses System nicht kennen, stehen sie ihm am Anfang meistens nicht sonderlich positiv gegenüber. Der Lehrer muss hier hartnäckig bleiben und es durchhalten. Nach spätestens einem halben Jahr hat sich erfahrungsgemäß jeder Schüler an den regelmäßigen Sitzplatzwechsel gewöhnt. Die Schüler lernen somit viel flexibler zu werden. Jeder Platz wird sauber gehalten, denn es ist wohlmöglich der nächste, auf dem man sitzen muss. Die Stimmung unter den Schülern ist ebenfalls wesentlich besser, denn man muss neben jedem sitzen. Von daher gab es mit diesem System in meinen Klassen auch keine Außenseiter mehr.

Teilweise muss man sich bei diesem munteren Sitzplatzwechsel gegen die Argumente der anderen Lehrer, die in der Klasse unterrichten, durchsetzen, denn bei diesen ist der Wechsel manchmal gar nicht so gerne gesehen. Die Kollegen argumentieren teilweise damit, dass dies das Namenlernen der Schüler erschweren würde, man sich ständig neu mit den Schülern orientieren müsste etc.

Für den Sitzplatzwechel gelten folgende Regeln:

- Der Sitzplatz ist immer nur eine Woche der feste Platz.
- Am Freitag jeder Woche wird bekannt gegeben, wie in der nächsten Woche gesessen wird. Dies können Sie ganz einfach und schnell tun, indem Sie einen DIN-A4 Sitzplan (DIN-A4-Blatt) in der Klasse aushängen. Die Schüler informieren sich damit über ihren nächsten Platz.
- Am Montag sitzen alle Schüler direkt in der ersten Stunde an ihrem vorgesehenen Platz mit ihrem vorgesehenen Tischnachbarn.
- In Fachräumen werden die Kollegen wahrscheinlich die Sitzordnung von der Anordnung her nicht einhalten können, aber sie sollten darauf achten, dass die Schüler ihre Sitznachbarn nicht nach eigenen Vorstellungen tauschen.

Damit Ihre Schüler nicht gleich ins kalte Wasser geworfen werden, sollten sie sich in der ersten Woche des neuen Schuljahres ihren Sitznachbarn selbst wählen dürfen. Klassen, die bereits seit längerem bestehen und sich kennen, werden hier sehr schnell die Sitznachbarn finden. Sie haben bei diesen Klassen beim Einführen des neuen Systems erfahrungsgemäß die größeren Widerstände zu überwinden. Bei einer Klasse, die dagegen neu zusammengesetzt wurde und in der sich die Schüler noch nicht kennen, empfiehlt sich ein Kennenlernspiel. Damit erfahren gleich alle Schüler etwas mehr voneinander.

Spiel „Einen guten Platz finden":
Die Sitzplatzfindung findet mit zweimal 5-Minuten-Probesitzen, was man allerdings auch je nach zur Verfügung stehender Zeit in drei, vier oder fünfmal Probesitzen mit 3 Minuten verändern kann.

Die Schülerinnen und Schüler sollen sich einen Nachbarn suchen, den sie noch nicht kennen. Sie haben fünf Minuten oder drei Minuten Zeit, miteinander zu sprechen. Die Schüler sollen sich dabei über ihre Mitschüler informieren und fragen stellen, zum Beispiel:

- Von welcher Schule kommst du?
- Wie lang ist dein Schulweg?
- Womit beschäftigst du dich gerne?

Danach suchen sie sich noch einmal einen anderen fremden Nachbarn, mit dem sie sich auch wieder fünf/bzw. drei Minuten unterhalten und so immer weiter, bis sich jeder mit der festgelegten Anzahl von Mitschülern unterhalten hat. Wenn die Minuten abgelaufen sind, sollten Sie ein Zeichen für den Wechsel des Gesprächspartners geben.

Nun setzen sich die Schüler so, wie sie es sich wünschen.

Wenn mehrere Schüler gerne mit ein und demselben Mitschüler zusammensitzen würden oder Plätze innerhalb der Klasse besonders begehrt sind, erinnern Sie die Schüler daran, dass jede Woche die Plätze und Nachbarn getauscht werden. (vgl. BUNDESZENTRALE FÜR GESUNDHEITLICHE AUFKLÄRUNG, 2006, S. 30).

Sie können Ihren Schülern Sitzordnungsmöglichkeiten, was Anordnung der Stühle und Tische anbelangt, vorgeben, zwischen denen sie wählen sollen. Diese Anordnung wird in der nächsten Zeit dann auch so bestehen bleiben, d.h. mindestens für ein halbes Jahr. Somit fällt es Ihnen auch leichter, zu überprüfen, wer schon auf welchen Platz gesessen hat.

Es gibt folgende Möglichkeiten der Tischanordnungen:

Die Arbeitsblätter der Anordnungen bieten Ihnen die Möglichkeit, die Schüler direkt einzutragen und das Blatt an Kollegen weiterzureichen, damit sie die Möglichkeit haben, den Einhalt der Sitzordnung zu überprüfen.

Manche Räume bieten leider nicht die Möglichkeit, sich für spezielle Sitzordnungen entscheiden zu können, weil einfach kein Platz vorhanden ist. Hier muss man vielleicht auf Variationen zurückgreifen.

1. Die Kreisanordnung

Die Kreisanordnung hat den Vorteil, dass jeder jeden sehen kann und Sie problemlos vor oder hinter den Schülern entlang laufen können, um gegebenenfalls bei Aufgaben Hilfestellung zu leisten. Diese Sitzordnung eignet sich bei kleineren Klassen mit großem Raum. Doppelte Kreise zu stellen, wie es bei der Doppel-U-Anordnung der Fall ist, nimmt meistens so viel Platz ein, dass in der Mitte die Schüler zu beengt sitzen.

Kopiervorlage

Die Kreisanordnung

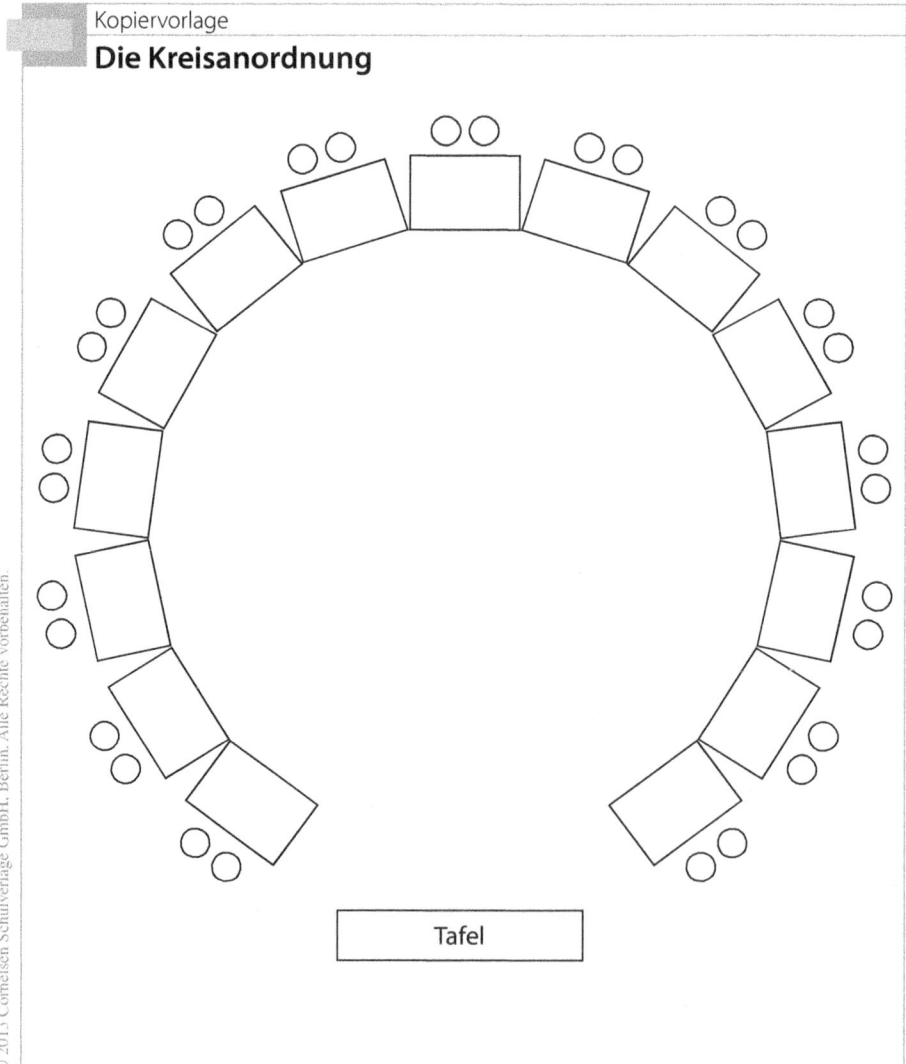

2. Die U-Anordnung / Doppel-U-Anordnung

Die U-Anordnung ist ähnlich angelegt wie die Kreisanordnung, allerdings wirkt sie statischer und nicht so aufgelockert. Bei kleineren Klassen reicht eine Reihe, bei größeren Klassen und genügend Platz, kann man noch ein zweites „U" einbauen. Mit dem zweiten „U" wird es manchmal sehr eng, wenn Sie zwischen den Reihen durchgehen müssen und das heißt, dass manche Schüler für Sie schlechter erreichbar sind.

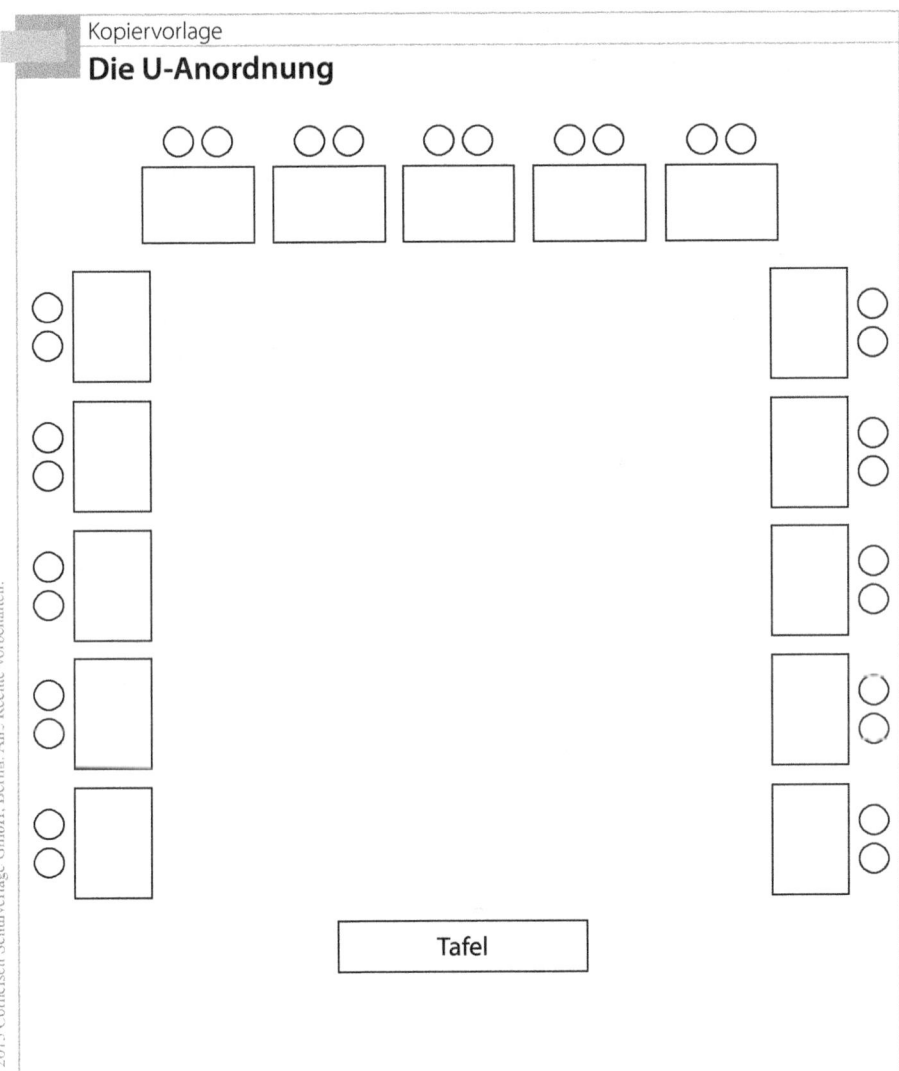

Kopiervorlage

Die U-Anordnung

3. Die E-Anordnung

Die E-Anordnung ist, wenn man zurzeit in Klassenzimmer schaut, die beliebteste Sitzordnung. Ein Nachteil der E-Sitzordnung ist, dass sich redselige Schüler, sollten sie auf den Teilen der inneren Seite sitzen, sehr gut auch lauter über die Tische hinweg unterhalten, wodurch der Lärmpegel steigt.

Kopiervorlage

Die E-Anordnung

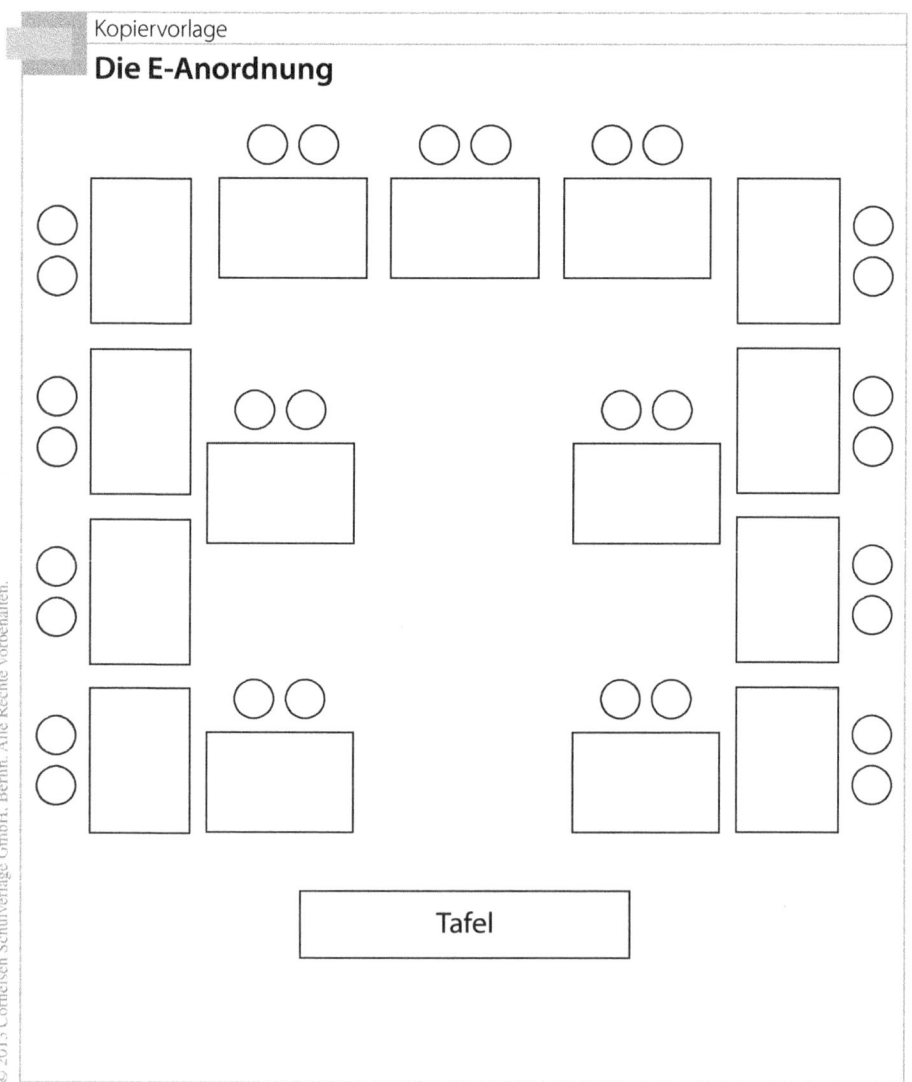

4. Gruppentisch-Anordnung

Bei der Gruppentisch-Anordnung stehen meistens 2-3 Tische zusammen, sodass 4-6 Schüler als Gruppe zusammensitzen. Die Gruppentischanordnung würde ich bei der Wahl zunächst weglassen und immer nur zusammenschieben lassen, wenn tatsächlich in Gruppen gearbeitet wird. Bei den Gruppentischen sind die Schüler, die hier zusammensitzen, doch sehr aufeinander bezogen, so dass der Blick auf den Rest der Klasse verloren geht.

Kopiervorlage

Gruppentisch-Anordnung

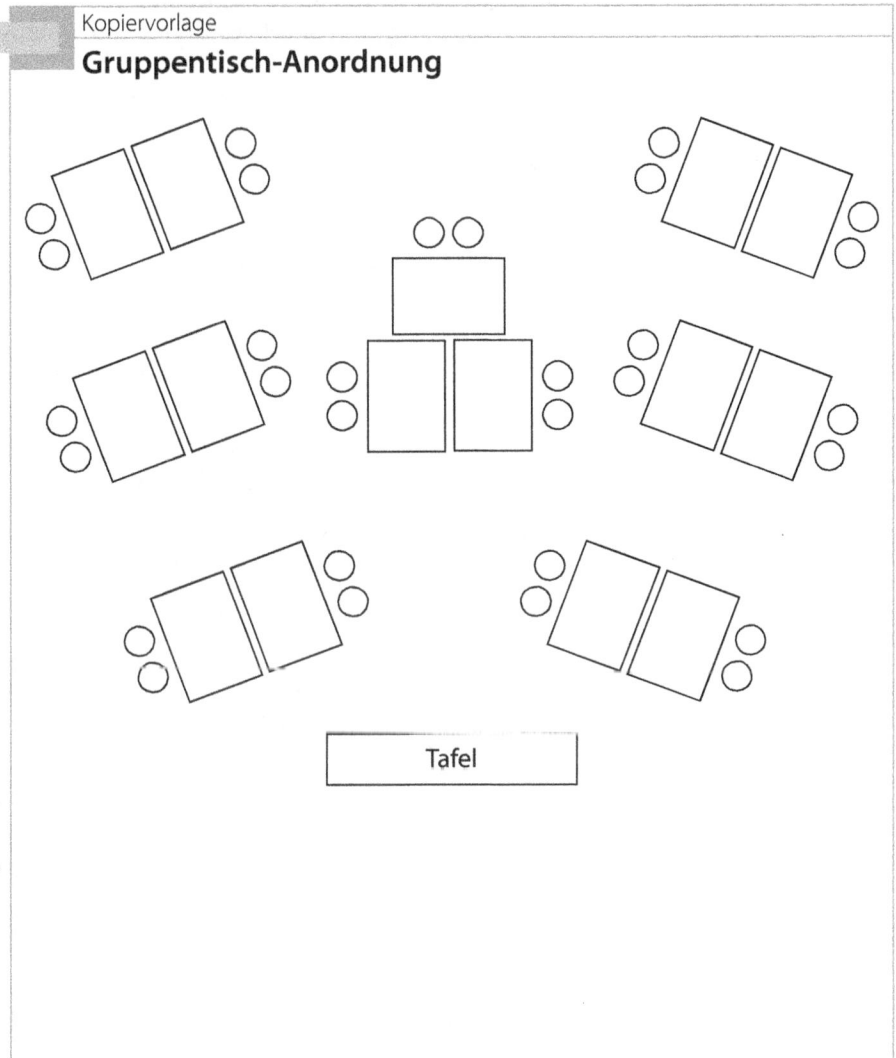

Tafel

5. Frontale Anordnung

Bei der frontalen Anordnung bilden die Tische Reihen, die parallel angeordnet sind. Bei der Wahl der Sitzanordnungen bevorzugen die Schüler diese Sitzanordnung immer häufiger. Der Nachteil dieser Sitzordnung ist, dass nur die hintere Reihe den kompletten Überblick über die Klasse hat. Die erste Reihe ist ausschließlich auf die Tafel ausgerichtet. Dennoch ist diese Sitzordnung die beliebtere bei erfahreneren Klassen, die bemerkt haben, dass sie dadurch wenige abgelenkt werden und es leichter haben, am Unterricht ohne Ablenkung teilzunehmen als z. B. bei der Gruppentischanordnung.

Kopiervorlage

Frontale-Anordnung

Ziel ist es, dass die Schüler nach ein oder zwei Jahren dieses Verfahrens, das hängt maßgeblich von der Klasse ab und wie schnell sich eine Klassengemeinschaft gebildet hat, selbst die Fähigkeit erlangt haben, die Zuordnung vornehmen zu können. Das heißt, dass immer ein Schüler für den Sitzplatzwechsel und Nachbartausch verantwortlich ist und die Liste freitags aushängt, damit alle am Montag wechseln können. Die Schüler entscheiden sich zunächst meist für die besten Freunde, neben denen sie sitzen möchten und deshalb für die Gruppentische, weil sie hier die meisten Freunde um sich sammeln können. Nach einiger Zeit stellen die Schüler allerdings fest, dass das nicht die beste Lösung ist. Meistens ist das auch eine Zeit, in der häufig im Klassenrat das Thema Sitzordnung thematisiert wird. Wenn die Schüler merken, dass es auf einmal nicht mehr so gut funktioniert, wollen sie meistens, dass der Lehrer die Sitzordnung wieder bestimmt. Sobald Sie den Wechsel einmal den Schülern übertragen haben, kehren Sie nicht mehr zum alten Schema zurück, bei dem Sie dafür verantwortlich waren. Helfen Sie den Schülern mit Denkanstößen wieso es nun nicht mehr so optimal läuft und was man verbessern kann. Meistens merken das die Schüler dann ganz von allein. Wenn dieser Zeitpunkt erreicht ist, wählen die meisten Schüler die frontale Anordnung und setzen sich, wenn Sie an der Reihe sind, den Sitzplan zu bestimmen, neben den besten Schüler der Klasse in die vorderste Reihe. Störenfriede werden meistens allein in hintere Reihen gesetzt. Je mehr Erfahrung die Schüler mit dem Wechsel der Sitzplätze haben und je besser die Klassengemeinschaft funktioniert, desto sozialer wird die Sitzordnungstaktik. Dann werden nämlich schwache, störende Schüler neben die besten braven Schüler gesetzt und die Klasse reguliert sich damit selbst.

Das geht von den Schülern aus und nicht vom Lehrer, was heißt, dass hier dann auch wirklich eine Zusammenarbeit zwischen den Schülern stattfindet. Diese Zusammenarbeit ist freiwillig und nicht aufgezwungen, sodass sich die Schüler automatisch, rein aus Prinzip nicht dagegen sperren.

Ich muss zugeben, dass ich, als ich dieses Konzept das erste Mal in einer Klasse verfolgte, nicht davon überzeugt war, weil es meiner eigenen Verhaltensweise wiedersprach. Im Lehrerzimmer hatte ich auch lieber meinen festen Platz und saß neben den Kollegen, die ich am meisten mochte. Aber ich konnte die Entwicklung dieser Klasse drei Jahre lang mitverfolgen und das Ergebnis war für mich phänomenal. Es gab bei Gruppenarbeiten nie Streit, alle kamen gut miteinander aus und es herrschte eine hohe Flexibilität in der Klasse.

Bei meiner eigenen Klasse fing ich mit diesem Konzept erst an, als schon das 6. Schuljahr begonnen hatte. Hier war der Widerstand der Schüler natürlich sehr groß und auch die Kollegen mussten erst mit viel Arbeit überzeugt werden. Durch konsequentes Durchhalten, obwohl ich manchmal lieber aufgegeben hätte, wurde der regelmäßige Wechsel mit der Zeit zu einem festen Ritual, an das sich alle gewöhnten. Im Endeffekt bin ich sehr froh, dass ich gegen alle Widerstände durchgehalten habe, denn es hat sich nachhaltig gelohnt und die Klasse wurde in ihrem Sozialverhalten vorbildlich. Wesentlich ist, dass man auf den Zeitpunkt achten muss, an dem man die Bestimmung der Sitzordnung an die Schüler übergibt. Zudem erfordert diese Regulierung akribisches Buchführen darüber, wer neben wem saß und wo. Deshalb erhalten Sie hierfür eine Kopiervorlage, auf dem Sie jede Woche eintragen können, wer neben wem saß. Auf den Kopiervorlagen (S. 86–90) können Sie eintragen auf welchem Platz die Schüler sitzen.

5.7 Gruppenarbeit

Das Arbeiten in Gruppen oder das sogenannte kooperative Arbeiten führt nachgewiesener Weise zu Verbesserungen der sozialen Beziehungen unter den Schülern und fördert ein unterstützendes, vertrautes Klassenklima. Das Potential aller Schüler soll betont werden und jeder Einzelne soll sich entfalten können.

Beim *kooperativen Lernen*, sind die Schüler gefordert, sich gegenseitig beim Lösen von Aufgaben zu unterstützen und gemeinsam Lösungen zu erarbeiten (vgl. SALVIN, 1995). Die Schüler sollen soziale Fertigkeiten erlangen, indem sie sich beim Lösen der Aufgaben gegenseitig austauschen. Dabei erwerben sie zusätzlich fachliche Kenntnisse. Die kooperativen Lernformen sollen besonders zu einer Steigerung der sozialen Kompetenz führen. Die Schüler arbeiten hierbei in Gruppen von maximal vier Schülern zusammen, was einen engeren Kontakt zwischen den Schülern ermöglicht.

Das kooperative Lernen nach Johnson und Johnson umfasst einige Elemente, die unbedingt beachtet werden sollten:

Die Schaffung positiver Interdependenz, d. h. die Schüler müssen wahrnehmen, dass sie in positiver wechselseitiger Abhängigkeit zueinander stehen und erst eine Aufgabe erfolgreich gelöst haben, wenn alle Gruppenmitglieder die Lösung der Aufgabe verstanden haben. Individuelle Verantwortlichkeit muss gegeben sein, um eine Mitarbeit aller Gruppenmitglieder zu gewährleisten.

Durch positive Interdependenz und individuelle Verantwortlichkeit, müssen sich die Gruppenmitglieder gegenseitig helfen und keiner kann nur die anderen allein arbeiten lassen, ohne sich zu beteiligen, wenn die Aufgabe erfolgreich gelöst werden soll. Der Beitrag jedes einzelnen Schülers ist wichtig, damit die Gruppe einen Lernerfolg erzielen kann, der das gemeinsame Ziel ist. Für die Aufgabenlösung sollte zudem die Möglichkeit zur tatsächlichen Interaktion gegeben sein, d. h. um die Aufgabe zu lösen, müssen alle Gruppenmitglieder untereinander kommunizieren. Wesentlich ist zudem die Reflexion über den gemeinsamen Arbeitsprozess innerhalb der Gruppe (vgl. JOHNSON, JOHNSON, JOHNSON 2005).

Eine Methode, die sich immer für eine kooperative Gruppenarbeit eignet, ist das *reziproke Lesen*. Diese Lesemethode kann in allen Fächern, in denen ein Text besprochen wird, angewendet werden. Das reziproke Lesen verläuft so, dass Sie als Lehrer zunächst einen Text auswählen müssen, den Sie in ungefähr vier gleich große Abschnitte einteilen. Dieser Text wird in die Viergruppen der Schüler gegeben, die ihn zunächst leise für sich durchlesen. Danach wird jedem Schüler eine Rollenkarte zugeteilt, die beim nächsten Textabschnitt im Uhrzeigersinn weitergegeben wird, sodass beim vierten Abschnitt alle Schüler alle Rollenkarten hatten.

Die Rollenkarten umfassen folgende Aufgaben:

A. *Leser/Fragensteller:* Lies einen Abschnitt des Textes laut vor. Stelle deinen Gruppenmitgliedern anschließend 3-5 Fragen zum Inhalt. Deine Gruppenmitglieder antworten.

B. *Zusammenfasser:* Fasse den Inhalt des Abschnitts so kurz wie möglich zusammen. Deine Gruppenmitglieder überprüfen die Zusammenfassung.

C. *Erklärer:* Formuliere Fragen zu Textstellen, die du als schwer empfindest, und zu denen, die du nicht verstanden hast. Überlege dir Antworten auf deine Fragen. Deine Gruppenmitglieder überprüfen deine Antworten und helfen dir.

D. *Weiterdenker:* Überlege, wie der Text weiter gehen könnte.

Deine Gruppenmitglieder ergänzen deine Ideen.

Im Plenum tragen am Ende der Gruppenarbeitsphase alle Gruppen ihre Ergebnisse vor. Das reziproke Lesen kann in allen Fächern als Texterschließungsritual eingeführt werden.

Eine weitere Möglichkeit für eine Methode des kooperativen Lernens ist das sogenannte Platzdeckchen. Bei der Platzdeckchen-Methode sitzen vier Schüler zusammen, die ihre Aufgaben/Hausaufgaben korrigieren. Jeder der

Rollenkarten für das reziproke Lesen

1. Die Rollenkarten können auf festes Papier aufgeklebt und anschließend ausgeschnitten werden.

Lies einen Abschnitt des Textes vor. Stell deinen Gruppenmitgliedern anschließend Fragen zum Inhalt.

Leser, Fragensteller

A

Fasse den Inhalt des Abschnittes kurz zusammen.

Zusammenfasser

B

Stelle Fragen zu Textstellen, die schwierig sind, und zu Textstellen, die du nicht verstanden hast.

Erklärer

C

Stelle Vermutungen an, wie der Text weitergehen könnte.

Weiterdenker

D

2. Mit einer Musterklammer können die Karten zusammengehalten werden.

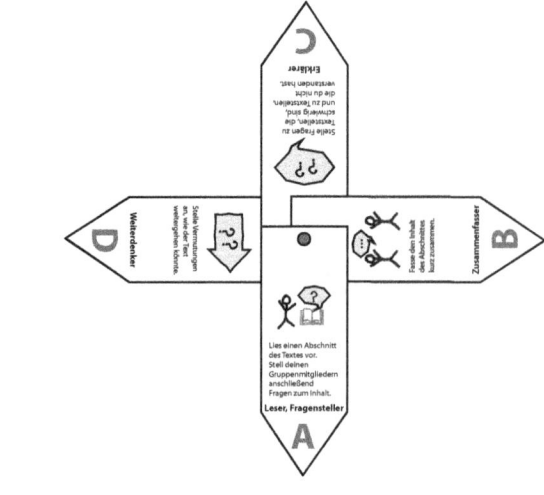

Webcode: GU162246-013

vier Gruppenmitglieder hat das Heft seines Nachbarn vor sich liegen, das er korrigiert. Danach werden die Ergebnisse besprochen und die Hefte wandern im Uhrzeigersinn weiter und werden korrigiert, bis jedes Heft wieder bei seinem Besitzer ist.

Die Einteilung der Arbeitsgruppen sollte immer zufällig geschehen. Zählen Sie die Gruppen aus oder zerschneiden Sie Postkarten in vier Teile, die Sie austeilen und nach denen sich die Schüler finden müssen. Teilen Sie immer vier Farben aus oder überlegen Sie sich eine andere Methode, um die Gruppen zufällig zusammenzuführen.

Die Gruppenarbeit ist eine Arbeitsform, die, wenn sie eingeübt und beherrscht wird, wunderbar selbstregulierend wirkt, sodass Sie nur noch für das Fachliche überprüfen müssen. Keine Gruppenarbeit funktioniert allerdings von Beginn an. Die Schüler müssen schrittweise an die Arbeitsform herangeführt werden. Dazu eignet sich ein kleines Rollenspiel (siehe Kopiervorlage), mit dem die Schüler ganz klar erkennen, wie eine Gruppenarbeit auf keinen Fall ablaufen sollte.

Mit diesem Szenenspiel können Sie die Regeln für Gruppenarbeit mit den Schülern zusammen erarbeiten.

Kopiervorlage

Rollenkarten zum Thema „Gestörte Gruppenarbeit"

Wählt fünf Schüler/Schülerinnen in euer Klasse aus und verteilt die folgenden Rollenkarten, die sich die Spieler merken müssen. Der Rest der Klasse schaut zu. Spielt dann diese Szene nach:

Eure Gruppe soll mit Hilfe von 10 Blatt umweltfreundlichem Papier, 2 Scheren und 2 Klebstiften einen möglichst hohen, formschönen und stabilen Turm bauen.
Wie könnte das gehen? Ihr habt dazu insgesamt 10 Minuten Zeit.
Bewertet im Anschluss an das Szenenspiel, was ihr gesehen habt.

Jana/Jan

Eure Gruppe soll mit Hilfe von 10 Blatt Papier, 2 Scheren und 2 Klebstiften einen möglichst hohen, formschönen und stabilen Turm bauen. Wie könnte das gehen? Ihr habt dazu insgesamt 10 Minuten Zeit.

Du bist der Planer in eurer Gruppe. Du legst Wert darauf, dass zunächst die vorhandenen Ideen gesammelt und diskutiert werden. Erst der Plan, dann die Ausführung! Du schreibst an der Tafel/am Flipchart mit und versuchst den Planungsprozess zu lenken. Über die „Aktivsten", die einfach drauf los wursteln kannst Du Dich ziemlich aufregen. Du gibst Ihnen kontra und blockierst notfalls die ganze Arbeit.

▶

▶

Lara/Lars

Eure Gruppe soll mit Hilfe von 10 Blatt Papier, 2 Scheren und 2 Klebstiften einen möglichst hohen, formschönen und stabilen Turm bauen. Wie könnte das gehen? Ihr habt dazu insgesamt 10 Minuten Zeit.

Du bist der Antreiber in eurer Gruppe. Du möchtest, dass zügig gearbeitet wird. Du sagst den anderen, wo es lang geht. Gegenüber Gruppenmitgliedern, die den Arbeitsprozess behindern, kannst Du ganz schön giftig werden. Du legst einfach los und baust den Turm notfalls auch alleine. Wichtig ist Dir vor allem, dass der Turm intelligent konstruiert und formschön gestaltet ist. Die Höhe ist der ziemlich egal.

Felicitas/Felix

Eure Gruppe soll mit Hilfe von 10 Blatt Papier, 2 Scheren und 2 Klebstiften einen möglichst hohen, formschönen und stabilen Turm bauen. Wie könnte das gehen? Ihr habt dazu insgesamt 10 Minuten Zeit.

Du bist der Außenseiter in eurer Gruppe. Du hast eigentlich gar keine Lust in der Gruppe zu arbeiten. Einige Gruppenmitglieder in der Gruppe sind Dir einfach zu blöd. Du bist ein ziemlicher Außenseiter und arbeitest am liebsten alleine. Deshalb nimmst Du Dir einfach zwei Blätter, eine Schere und einen Klebstift und baust Dir Deinen eigenen Turm im Kleinformat. Deine Kritiker lässt Du cool abblitzen.

Julia/Julian

Eure Gruppe soll mit Hilfe von 10 Blatt Papier, 2 Scheren und 2 Klebstiften einen möglichst hohen, formschönen und stabilen Turm bauen. Wie könnte das gehen? Ihr habt dazu insgesamt 10 Minuten Zeit.

Du bist der Besserwisser in eurer Gruppe. Egal welche Vorschläge gemacht werden, Du hast stets etwas auszusetzen. Du hältst den Arbeitsprozess ziemlich auf. Deine Position ist klar: Du willst einen möglichst hohen Turm haben, ob der auch noch formschön ist und lange stehen bleibt, ist Dir ziemlich egal. Lange Planungen und Diskussionen hältst Du für überflüssig.

Kerstin/Karsten

Eure Gruppe soll mit Hilfe von 10 Blatt Papier, 2 Scheren und 2 Klebstiften einen möglichst hohen, formschönen und stabilen Turm bauen. Wie könnte das gehen? Ihr habt dazu insgesamt 10 Minuten Zeit.

Du bist der Schlichter in eurer Gruppe. Du bist sehr auf Harmonie bedacht und sprichst Unstimmigkeiten offen an. Du achtest auf einen geregelten Ablauf und möchtest, dass alle in der Gruppe fair miteinander umgehen. Falls erforderlich ergreifst Du Partei für die Schwachen und/oder Außenseiter. Du hilfst anderen und setzt Dich dafür ein, dass alle Gruppenmitglieder angemessen am Turmbau mitwirken können.

(verändert nach KLIPPERT, 2002, S. 124 ff., 145 f.)

Am Ende einer längeren Gruppenarbeitsphase sollten Sie die Gruppenarbeit stets evaluieren. Die Schüler sollten darüber ins Gespräch kommen, ob sie sich in der Gruppe angestrengt haben, sich in der Gruppe wohlfühlten, sich einbringen konnten und von den anderen Hilfe und Unterstützung bekamen, sowie sie sich integriert gefühlt haben und mit dem Arbeitsergebnis der Gruppe zufrieden waren.

Gruppenarbeit eignet sich vor allem in Schulen, die das 90-minütige Doppelstundenprinzip eingeführt haben. In einer Doppelstunde hat man immer Zeit für eine kurze Gruppenarbeitsphase und je öfter die Schüler das kooperative Lernen praktizieren, desto schneller werden sie darin routiniert, was z. B. das Zusammenstellen der Gruppentische und das Präsentieren der Ergebnisse anbelangt. Wesentlich ist immer die Überprüfung der Aufgabe, denn nicht alle Aufgaben eignen sich für eine Gruppenarbeit.

„Am besten für eine Gruppe ist es, wenn verschiedene Teile angefertigt werden müssen, die zusammen dann ein Ganzes ergeben" (STEINS, 2005, S. 192). Genauso soll die Gruppe zu einem geschlossenen Ganzen werden.

5.8 Teamtage

An manchen Schulen besteht die Möglichkeit, Teamtage zu gestalten, an denen die Klasse wirklich einen ganzen Tag vom Unterricht ausgenommen ist und sich nur mit sich selbst beschäftigt. Ansonsten lassen sich eigentlich auch immer Wandertage zu Teamtagen umfunktionieren. Bei sogenannten Teamtagen geht es darum, die Klasse zum Team zu bilden. Da man einen ganzen Tag mit seiner Klasse zur Verfügung hat, kann man sich intensiv den Teamspielen widmen, die bereits in Kapitel 4.2 vorgestellt wurden.

Man kann den Tag auch nutzen, um die Klassen in Methoden weiterzubilden, die zur Kommunikation über bestimmte Themen dienen. Achten Sie bei den Themen darauf, dass die Klasse die Wichtigkeit erkennt und ein Interesse an dem Thema hat. Denn wenn Interesse an etwas besteht und etwas gemeinsam erreicht werden soll, findet eine Regulation meistens von ganz alleine statt. Bei der Themenwahl ist zusätzlich zu bedenken, dass man die Klasse nicht überfordert und komplexere Themen an ältere Klassen gibt oder die Aufgabenstellung so vereinfacht und differenziert, dass damit auch jüngere Kinder/Schüler arbeiten können. Sie können die Schüler Themen sammeln lassen oder Sie geben selbst wieder eine bestimmte Anzahl von Themen vor, zwischen denen gewählt werden soll. Wichtig ist, dass die Themen etwas mit der Situation in der Schule zu tun haben.

Man kann z. B. ein *World Cafe* vorbereiten. Bei einem World Cafe sitzen immer vier Schüler an einem Tisch. Der Tisch besteht aus einer rechteckigen DIN-A3 Sperrholzplatte, die auf den Knien der Schüler liegt. Auf der Sperrholzplatte liegen Flipchart – Papier oder anderes weißes Papier in (DIN-A0) und vier Stifte, einen für jeden Schüler. Auf eine Einleitungsfrage, die vom Thema abhängt, wie z. B.: Was können wir gegen Unterrichtsstörungen unternehmen? Wie motiviert man Schüler für den Unterricht? Wie sieht die optimale Schulstunde aus? sollen die Schüler antworten, indem sie alle ihre Ideen, Erinnerungen an Vergangenes, Verbindungen und eventuell tiefer gehende Fragen auf diesem Tischblatt notieren. Nach ca. 10 Minuten – Sie als Lehrer wachen über die Zeit und geben ein Signal – bleibt ein Schüler des Tisches an dem Tisch sitzen und die anderen drei verteilen sich an andere Tische. Zu Beginn der nächsten Runde erklärt der Schüler, der sitzen geblieben ist – er ist der sogenannte Gastgeber, den neuen Gästen, was bereits im Brainstorming gesammelt wurde. Die anderen drei Schüler erzählen dann von ihren Tischen und ergänzen Wesentliches auf dem Tisch an dem sie jetzt sitzen. Der Wechsel findet insgesamt dreimal statt. Danach wird in ein Plenum gerufen und eine gemeinsame Mindmap wird zum Thema angelegt. Sobald die Mindmap fertig ist, erhalten die Schüler Klebepunkte, mit denen sie die Äste markieren können, die ihrer Meinung nach am wichtigsten waren. Die Schüler entscheiden sich danach für einen Teilbereich der Äste und arbeiten als Kleingruppe weiter daran, um diesen zu konkretisieren und Beschlussvorlagen, Ergebnisse und Ideen für die Weiterarbeit zu gestalten und zu präsentieren.

Das World Cafe kann man natürlich auch für andere Fragestellungen, die die Klasse betreffen, verwenden. Allerdings sollte die Frage immer einfach und klar, aber dennoch provokativ gestellt werden. Die Frage sollte sich auf eine Untersuchung konzentrieren, unbewusste Annahmen an die Oberfläche bringen und neue Perspektiven eröffnen. (http://www.zukunftskonferenz.de)

The World Cafe

Cafe Regeln

Lege den Fokus auf die Frage.

Trage deine Sichtweise bei.

Sage, was du denkst und fühlst.

Versuche, die anderen wirklich zu verstehen.

Verbinde und Vernetze Ideen.

Achte auf neue Erkenntnisse und tiefergehende Fragen.

Die Tischdecken sind zum Zeichnen, Malen, Schreiben und Kritzeln da.

Habe viel Spaß dabei!

Hinweise für den Gastgeber

Erinnere deine Gäste daran, wichtige Ideen, Entdeckungen, Verbindungen und tiefergehende Fragen sofort, wenn sie auftauchen, zu notieren.

Bleibe an dem Tisch, wenn die anderen gehen, und heiße die „Reisenden" von den anderen Tischen willkommen.

Teile kurz die Erkenntnisse des vorherigen Gesprächs mit undermuntere die anderen, dies ebenfalls zu tun.

(Verändert nach: www.all-in-one-spirit.de)

Eine weitere Möglichkeit ist die Gestaltung einer Zukunftskonferenz zu einem bestimmten Thema, das in der Zukunft eine Rolle spielen wird, wie z.B. die Gestaltung des Klassenraums. Zukunftskonferenzen haben die Stärke, ein Gemeinschaftsgefühl, eine Aufbruchsstimmung und einen hohen Grad an Motivation, selbst bei stark heterogenen Gruppen, zu schaffen. Man erarbeitet zusammen als Team ein Zukunftsprojekt, an dem Interesse besteht.

Die Zukunftskonferenz läuft nach folgendem Schema ab:

Ablauf einer Zukunftskonferenz

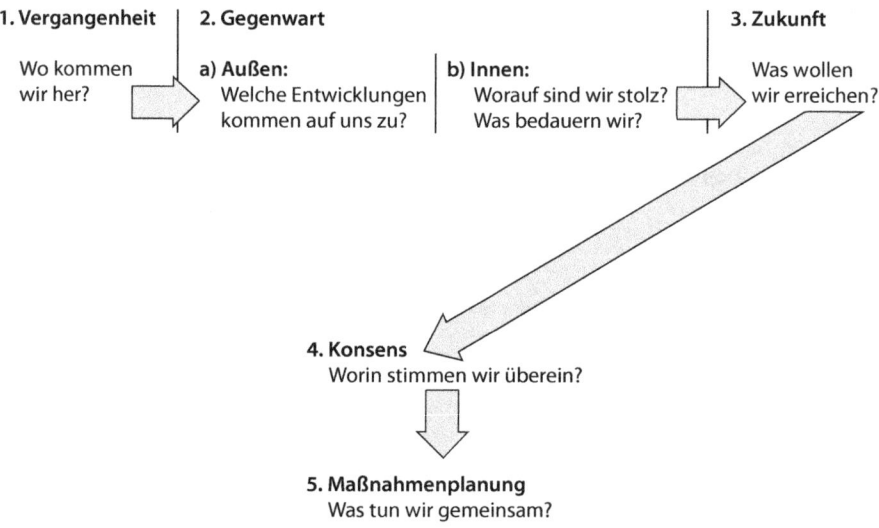

Abb. 6: Ablauf einer Zukunftskonferenz
(abgewandelt nach www.all-in-one-spirit.de)

Zunächst wird die Vergangenheit beleuchtet mit der Frage: Wo kommen wir her? Dabei sollen vergangene Probleme zwar gewürdigt werden, aber man soll sie nicht bearbeiten und auch nicht bewerten, denn der Fokus soll ganz klar auf die Zukunft gerichtet werden.

Danach wird die Gegenwart unter die analysiert und zwar geteilt in die Bereiche:

- Außen: Welche Entwicklungen kommen auf uns zu?
- Innen: Worauf sind wir stolz, was bedauern wir?

Auch die gegenwärtige Situation wird nicht bewertet oder eine Bearbeitung begonnen.

Als nächstes geht es um den eigentlichen Punkt: die Zukunft. Die Zukunft kann man nur vollständig bearbeiten, wenn man weiß, wie die Gegenwart aussieht und wie es in der Vergangenheit aussah, deshalb sind die anderen beiden Punkte Pflicht. Bei der Zukunft steht die große Frage im Raum: Was wollen wir erreichen?

Wenn diese Ziele geklärt sind, geht es darum, einen gemeinsamen Konsens zu finden: Worin stimmen wir überein? Schließlich geht man zur Maßnahmenplanung über. Die Maßnahmen können allerdings erst dann geplant werden, wenn wirklich ein Konsens über die gewünschte Zukunft erreicht ist.

Bei der Zukunftskonferenz sollen Gemeinsamkeiten gefunden werden. Nach diesen sucht man von Anfang an. Es werden die Wunschvorstellungen der Schüler erarbeitet, um die Zukunft zu planen. (www.all-in-one-spirit.de/werkzeuge/zukunftskonferenz.htm)

Bei den Teamtagprojekten reguliert sich die Klasse über das Interesse am Inhalt. Damit jeder Schüler wirklich Interesse an den Themen hat, lassen Sie ihnen die maximale Wahlfreiheit und bieten eventuell auch zwei Themen gleichzeitig an, die bearbeitet werden können. Schüler, die eifrig bei der Sache sind, werden keine Störungen zulassen.

Auf dem Weg zur Selbstregulation

Unter Selbstregulation versteht man die Fähigkeit, das eigene Denken und Verhalten gezielt selbst steuern zu können. Selbstregulation ist also ein kontrollierter Vorgang, um sich in der Gruppe und später in der Gesellschaft zurechtfinden und einordnen zu können sowie sich an Regeln und Gesetze zu halten.

Der Weg zur Selbstregulation der Schüler ist ein sehr langer Weg und je nachdem, welche Voraussetzungen die Schüler hierfür mitbringen oder eben nicht mitbringen, ein sehr schwieriger. Eine wirkliche Selbstregulation ist erst möglich, wenn die Kohlbergsche` Moralstufe (vgl. KOHLBERG, 1996) dafür erreicht wurde und die Grundlagen hierfür überhaupt gelegt wurden.

Als Lehrer kann man unterstützend und auffangend Eingreifen, in dem man folgende drei Faktoren berücksichtigt:

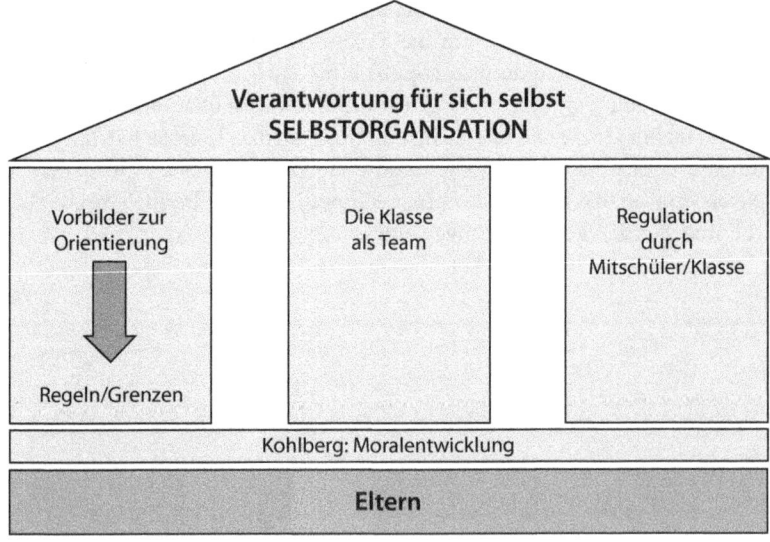

Abb. 7: Selbstorganisation

Schüler brauchen Vorbilder, an denen sie sich orientieren können. Das sind vornehmlich Eltern, Geschwister, Lehrer und Mitschüler, denn mit ihnen wird der größte Teil des Tages verbracht. Diese setzen Regeln und Grenzen, um miteinander auszukommen. Sobald die Klasse als Team zusammengewachsen ist und eine vertraute Atmosphäre herrscht, sprechen Schüler offen über ihre Probleme und geben sich gegenseitig Rat und Hilfestellung.

Zunächst fällt es leichter, sich von Mitschülern, die man als Freunde in der Klasse hat, regulieren zu lassen. Wenn die Klassengemeinschaft gut funktioniert, klappt dies auch mit der gesamten Klasse. Selbstwahrnehmung und Fremdwahrnehmung unterscheiden sich anfänglich sehr. Durch die Fremdwahrnehmung gelangen Schüler leichter zur Selbstwahrnehmung und beginnen, ihr Verhalten und ihre Wirkung auf andere einzuschätzen und zu reflektieren. Mit dieser Reflexion beginnt die Verantwortungsübernahme für sich selbst und damit die Selbstregulation. Wer sich selbst regulieren kann, hat zuvor gelernt, Verantwortung zu übernehmen.

Schüler bekommen mit der Zeit ein Gespür für ihr Verhalten, können dies dann gezielt steuern und steigen somit in der Moralstufe auf, weil es ihnen immer schneller und leichter gelingt, Richtiges von Falschem zu unterscheiden und die Wirkung des Verhaltens auf andere richtig einzuschätzen. Dafür ist allerdings ein ständiges Regeltraining und eine permanente Rückmeldung von den Mitschülern nötig. Die Schüler müssen lernen, Kritik anzunehmen – auch negative. Allerdings sollte das Positive immer im Vordergrund stehen.

6.1 Regulation durch Mitschüler

Bevor die gesamte Klasse aufeinander achtet, ist es zunächst leichter, wenn Mitschüler den Auftrag bekommen, gezielt auf andere Mitschüler zu achten. Dies soll nicht beliebig geschehen, sondern am Anfang z.B. nur den eigenen Sitznachbarn betreffen. Das aufeinander achten bedeutet nicht nur, den anderen zu ermahnen, wenn er nicht aufpasst oder beginnen möchte zu schwätzen, sondern auch Hilfestellung bei Aufgaben zu geben oder den Nachbarn daran zu erinnern, die Hausaufgaben aufzuschreiben. Dabei soll dieses aufeinander achten nicht die Aktion einer Kontrolle haben, sondern die einer helfenden Unterstützung. Gisela Steins schreibt, dass Peers (Gleichaltrige) Bezugspersonen darstellen, „welche der Person des Schülers und der Schülerin auf vielen Dimensionen wie beispielsweise Alter, Anforderungen und gleiches räumliches Schicksal in der Schule vergleichbar sind. Somit bilden Peers nach Festingers Theorie der sozialen Vergleichsprozesse diejenige Gruppe, auf die sich Schüler/-innen am ehesten beziehen werden, wenn sie die Richtigkeit ihrer Meinungen überprüfen möchten" (vgl. STEINS, 2005, S.34). Nach Steins haben Peers unterstützende und in einem positiven Sinn auch eine kontrollierende Funktion (STEINS, 2005, S. 35).

Diese Vorgehensweise müssen die Schüler erst lernen, genauso wie Kritik zu akzeptieren. Dafür sind Vorbereitungen nötig.

Schüler müssen lernen, ihre Stärken und Schwächen selbst einzuschätzen. Der Blick auf sich selbst ist zunächst am schwersten, deshalb müssen die Mitschüler helfen.

> *Zur Bewältigung der Entwicklungsaufgaben gehört es auch, sich mit den eigenen Stärken und Schwächen auseinanderzusetzen. Dies ist für den Einzelnen zunächst nicht einfach. Die Schule kann Raum für die Erfahrung schaffen, dass es sich lohnt, über sich selbst nachzudenken und dass es eigentlich auch gar nicht so schwer ist, sich mit eigenen Schwächen auseinanderzusetzen.* (BUNDESZENTRALE FÜR GESUNDHEITLICHE AUFKLÄRUNG, 2006, S.36)

Die Übungen „Stärken-Schwächen-Tandem" (Seite 105) und „Gefühlen auf die Spur kommen" (Seite 106) helfen, damit Schüler eine Orientierung bekommen, um sich besser einzuschätzen wer sie eigentlich sind und wie sie sein möchten:

Stärken-Schwächen-Tandem

Wir haben alle unsere Stärken und Schwächen. Manchmal fällt es uns schwer, sie zu erkennen oder auch, sie zuzugeben. Außerdem ist es gar nicht immer so klar, was eine Stärke und was eine Schwäche ist. Was man selbst für eine Schwäche hält, sieht jemand anderes vielleicht als Stärke an. Darum hilft es, miteinander darüber zu reden.

1. Suche dir einen Partner/eine Partnerin, mit dem/der du über deine Stärken und Schwächen sprechen möchtest.

2. Wenn du dir folgende „Stärken und Schwächen" durchliest, dann fällt dir bestimmt einiges zu dir und auch zu deinem Partner ein:
   - sich konzentrieren können
   - ausdauernd sein
   - fleißig sein
   - genau sein
   - konsequent sein
   - einen starken Willen haben
   - sich selbst etwas zutrauen
   - freundlich sein
   - die eigene Meinung vertreten können
   - mutig sein
   - zielstrebig sein
   - immer anderen die Schuld geben
   - wenn etwas schiefgeht
   - misstrauisch sein
   - schnell aufgeben
   - verschwiegen sein
   - Geheimnisse ausplaudern
   - keine Ausdauer haben
   - Mitläufer sein
   - immer nachgeben ...

   - _____

   - _____

   - _____

▶

▶

3. a) Schreibe deine Stärken und Schwächen zunächst jeweils auf Klebezettel („Was sehe ich als meine Stärken/Schwächen an?").

b) Dein Partner schreibt dann über dich („Was sehe ich als deine Stärken/Schwächen an?")

c) Sprecht jetzt noch nicht darüber, sondern legt die Zettel weg.

d) Nun umgekehrt. Du schreibst die Stärken und Schwächen deines Partners auf.

4. Vergleicht eure eigenen Sichtweisen mit der Sichtweise eures Partners.

• Stimmen eure Sichtweisen überein?

• Was überrascht euch?

• Worüber könntet ihr euch einigen?

• Worüber nicht?

5. Vielleicht wollt ihr euch gegenseitig weiter unterstützen:

Bei welcher Schwäche könnte dein Partner dich unterstützen, sie abzubauen?

Wie könnte dies aussehen?

Am besten ist, wenn eure Partnerschaft beiden nutzt, deshalb überlegt euch, wie ihr euch gegenseitig unterstützen könnt.

6. Welche Partner möchten ihre Ergebnisse in der Klasse vorstellen?

(verändert nach BUNDESZENTRALE FÜR GESUNDHEITLICHE AUFKLÄRUNG, 2006, S. 39 f.).

Auch Gefühle bestimmen unser tägliches Miteinander, deshalb sollten sich Schüler über ihre Gefühle in bestimmten Situationen bewusst werden. Dazu hilft folgende Übung:

Gefühlen auf die Spur kommen

Bei fast allem, was wir tun, sind auch Gefühle dabei. Bei manchen Gefühlen ist uns behaglich zumute, bei anderen wird uns mulmig. Vervollständige die folgenden Sätze, um deinen Gefühlen auf die Spur zu kommen.

Am meisten ärgert es mich, wenn _____

_____

Traurig bin ich, wenn _____

_____

Ich freue mich riesig, wenn _____

_____

_____

Ich war völlig überrascht, als _____

_____

_____

Angst spüre ich, _____

_____

Fröhlich bin ich, wenn _____

_____

Ich werde wütend, wenn _____

_____

Ich bin stolz darauf, dass _____

_____

Ich bin neidisch, wenn _____

_____

▶

▶

Ich fühle mich unsicher, wenn _____

_____

Ich fühle mich mutig, wenn _____

_____

Schüchtern werde ich, wenn _____

_____

Ich bin aufgeregt, wenn _____

_____

Ich fühle mich hilflos, wenn _____

_____

Ich bin enttäuscht, wenn _____

_____

Ich bin begeistert, wenn _____

_____

Ich hasse es, wenn _____

_____

Sicherlich magst du nicht über alles sprechen. Das ist auch dein gutes Recht.

Aber manchmal lernt man seine eigenen Gefühle besser kennen, wenn man sie mit denen von anderen vergleicht.

Vorschlag: Suche dir einen Partner, mit dem du über einige deiner Gefühle sprechen möchtest.

(BUNDESZENTRALE FÜR GESUNDHEITLICHE AUFKLÄRUNG, 2006, S. 67).

Lassen Sie die Schüler bei diesen Spielen und Selbsterfahrungen ihre Partner zunächst frei wählen, weil es sich hierbei teilweise um sehr emotionale und persönliche Dinge handelt, die die Schüler einander mitteilen. Fördern Sie trotzdem immer den Kontakt aller Schüler untereinander.

6.2 Regulation durch die Klasse

Der Unterschied der Regulation durch die Klasse im Vergleich zur Regulation durch den Mitschüler ist, dass eine viel größere Masse an Stimmen auf den einzelnen Schüler zukommt, um den es letztlich geht. Das können auch negative, kritisierende Stimmen sein, die ein Schüler erst einmal verkraften können muss. Dazu muss er das Gefühl und das Wissen haben, dass die anderen ihm nichts Schlechtes wollen. Es geht einzig und allein um Hilfe, damit es zu einer Verbesserung der Situation für die gesamte Klasse kommt. Die Klasse erhält ab einer beliebigen Klassenleiter-/Klassenratsstunde den Auftrag, alle ihre Mitschüler während der folgenden Stunden bis zur nächsten Klassenleiter-/Klassenratsstunde genau im Auge zu behalten. In dieser nächsten Klassenleiter-/Klassenratsstunde findet dann eine Positiv/Negativ-Verhaltensbewertung der Schüler statt. Diese funktioniert, indem die Schüler jeweils einen grünen und einen roten kleinen Zettel erhalten. Auf dem grünen Zettel notieren die Schüler einen Mitschüler, der ihnen besonders positiv aufgefallen ist, weil er anderen in der Woche z. B. besonders viel geholfen hat oder vielleicht freiwillig einen Dienst übernommen hat etc. Auf den roten Zettel wird ein Schüler geschrieben, der besonders negativ aufgefallen ist, weil er z. B. sehr viel gestört hat oder sehr unfreundlich zu seinen Mitschülern war etc. Die Schüler müssen nicht unbedingt beide Zettel abgeben. Wenn ihnen niemand positiv oder negativ aufgefallen ist, schreiben sie keinen Zettel.

Die Auswertung findet dann ganz öffentlich in der Klassenleiter-/Klassenratsstunde statt. Die beiden Klassensprecher lesen zuerst die positiven Zettel vor und notieren die Namen auf einer Tafel/auf einem Flipchart. Danach folgt derselbe Vorgang mit den negativen Zetteln. Meistens ist es so, dass die halbe Klasse auf der Tafel steht, aber nur zwei oder drei Schüler sowohl auf der positiven als auch auf der negativen Seite herausstechen. Manchmal bewerten die Schüler auch Sie als Klassenlehrer mit, weil Sie ebenfalls zur Klasse gehören. Die Schüler, die positiv aufgefallen sind, werden gefragt, was sie in der Woche getan haben und erhalten Rückmeldung von ihren Mitschülern und auch Anerkennung z. B. durch Lob und Applaus. Auch die Schüler, die besonders negativ aufgefallen sind, müssen sich zur vergangenen Woche äußern und erhalten eine Rückmeldung in der Form, was sie in der nächsten Woche beachten können.

In der Regel ist es so, dass Schüler, die auf der negativen Seite standen, sich in der folgenden Woche immer so bemühen, dass sie auf die positive Seite kommen. Eine Schülerin in meiner Klasse stand allerdings drei Wochen mit Abstand auf der negativen Seite. Bei der Besprechung setzte sie sich allein in die Mitte vom Stuhlkreis, mit der Begründung, dass es ja um sie ginge und deshalb dürfe sie in die Mitte. Als die Schüler ihr dann Rückmeldung über ihr Verhalten gaben, sagte eine Schülerin: „Samira stört immer, weil sie Aufmerksamkeit haben will." Die Mitschüler waren in dieser Klasse wirklich schon so weit in ihrer Beobachtung und ihren Vermutungen, dass sie den Punkt genau getroffen hatten. Im weiteren Gespräch bestätigte dies Samira. Sie teilte den anderen auch mit, dass es ihr nicht möglich sei, etwas Positives zu tun und damit aufzufallen, weil sie nichts könne und zu manchen Dingen auch keine Lust hätte, wie zum Beispiel in der Klasse mit putzen oder aufräumen, weil sie das zu Hause für ihre jüngeren Geschwister schon immer machen müsse. Die Klasse teilte daraufhin Samira mit, was sie besonders gut konnte und das war malen. So verschönerte Samira in den folgenden Wochen mit Gemälden die Klasse und gewann somit positive Punkte. Auch den Lehrern, mit denen sie vorher heftige Auseinandersetzungen hatte, malte sie Bilder und schenkte sie ihnen. In der Projektwoche, in der die Klasse sich für ein Theaterstück entschieden hatte, das sie selbst schreiben und aufführen wollte, übernahm es Samira ganz alleine, das Bühnenbild zu gestalten und zu malen, was wirklich hervorragend wurde, gerade für die kurze Zeit, die der Klasse dafür zur Verfügung stand.

Generell war die Auswertung des positiv/negativ Verhaltens immer sehr fair und vor allem auch ehrlich. Keiner der Schüler fühlte sich angegriffen oder bloßgestellt. Die Atmosphäre in der Klasse war so, dass jeder die Kritik annehmen konnte und die Schüler versuchten sich dann auch wirklich in ihrem Verhalten zu verbessern. Für manche Schüler war es viel eindrücklicher zu sehen, wie viele Mitschüler, die gleiche Meinung über sie haben, als dies nur von einem einzelnen Mitschüler zu erfahren. Gleichzeitig war aber immer eine Bereitschaft zur Unterstützung gegeben, damit eine Veränderung gelingt. Damit konnten sich die Schüler mit Hilfe der gesamten Klasse moralisch weiterentwickeln und gewannen durch diese Fremdwahrnehmungen an Selbstwahrnehmung.

Das Beschriebene funktioniert natürlich nur in Klassen, in denen man sich respektiert und gegenseitig wertschätzt und in denen ein Gemeinschaftsgefühl vorhanden ist.

Damit Schüler lernen, wie sie Lob und Kritik formulieren und einen wertschätzenden Umgang miteinander pflegen, eignen sich die Übungen auf den Seiten 111, 112, 113.

Kopiervorlage

Lob und Anerkennung

Jeder Mensch besitzt lobenswerte Eigenschaften – und wir gehen mit Lob und Anerkennung unterschiedlich um. Jetzt geht es darum, zu loben und Lob zu empfangen.

Bildet bitte einen Gesprächskreis; ein Stuhl bleibt frei.

1. Tauscht euch darüber aus, welche Erfahrungen ihr bisher mit dem Thema „Lob und Anerkennung", also auch selbst loben und gelobt werden gemacht habt.

2. Lobt euch nun mit folgender Rufformel: „Mein rechter Platz ist leer, ich rufe dich (Namen des Mitschülers) zu mir her, weil du…. (z. B. mir gestern geholfen hast bei…)

3. Jeder in der Klasse kommt dran, aber nur einmal.

4. Unterhaltet euch am Ende der Übung darüber:

Wie es mir geht, wenn ich lobe…

Wie es mir geht, wenn ich gelobt werde (Wie reagiere ich?)

Wie es mir geht, wenn ich mich selbst lobe…

(verändert nach Miller, 2007, S. 43)

Kopiervorlage

Schwächen und Fehler

Bei dieser Übung geht es um den Umgang mit Schwächen und Fehlern mit dem Ziel, dass ihr nachspürt, was ihr empfindet, wenn ihr von anderen auf eure Schwächen hingewiesen werdet und wie ihr reagiert.

Bildet bitte einen Gesprächskreis.

1. Wie geht es euch, was empfindet ihr, wenn ihr auf Schwächen und Fehler aufmerksam gemacht werdet?

2. Bearbeitet folgende Aufgabe mit Hilfe der Tabelle, die ihr einzeln ausfüllt. Eure Notizen bleiben anonym.

Du hast sicher schon Fehler begangen, auf die du aufmerksam gemacht worden bist und die du allein zu verantworten hattest. Wie hast du reagiert? Kreuze an.

	selten	manchmal	oft
Ich beschuldige andere (Menschen/Umstände).	☐	☐	☐
Ich greife meinen Kritiker an.	☐	☐	☐
Ich explodiere.	☐	☐	☐
Ich gebe es nicht zu und streite alles ab.	☐	☐	☐
Ich überlege, wie ich es meinem Kritiker heimzahlen kann.	☐	☐	☐

▶

▶

	selten	manchmal	oft
Ich bin beleidigt und schmolle.	☐	☐	☐
Ich nehme die Kritik an und stehe zu meinem Fehler.	☐	☐	☐
Ich frage nach: (Was soll da gewesen sein?)	☐	☐	☐
Ich schweige, weil ich mich schuldig fühle.	☐	☐	☐
Ich weine.	☐	☐	☐
Ich denke darüber nach.	☐	☐	☐
Ich versuche beim nächsten Mal alles besser zu machen.	☐	☐	☐
Ich sehe es als Hilfestellung.	☐	☐	☐
Ich bin froh, dass mir jemand ehrlich seine Meinung gesagt hat.	☐	☐	☐

3. Besprecht zusammen:

a) Wie wünscht ihr euch von anderen die Hinweise auf eure Schwächen und Fehler?

b) Wie möchtet ihr in Zukunft auf Kritik reagieren?

(verändert nach MILLER, 2007, S. 44 f.)

Kopiervorlage

Beziehungsklärung

In diesem Spiel geht es um die Klärung der Beziehungen zwischen euch. Das heißt, heute erfahrt ihr, wie ihr zueinander steht und aufeinander wirkt.

Regeln:

Bitte achtet darauf, dass eure Äußerungen für den anderen annehmbar und verkraftbar sind (mehr Positives als Negatives).

Die Rückmeldungen der jeweils angesprochenen sollen keine Rechtfertigungen sein, sondern eigene Stellungnahmen.

Ablauf:

1. Bildet bitte einen Stuhlkreis.

2. Einer von euch erhält ein Wollknäul. Bitte behalte das Ende des Fadens in der Hand, suche dir einen Mitschüler aus und wirf es ihm zu.

a) Sage zuerst, wie du ihn findest/erlebst oder wie er auf dich wirkt!
(Zum Beispiel: freundlich, hilfsbereit, manchmal etwas schnell beleidigt,…)

b) Dann können noch einige andere aus der Klasse, wer gerade mag, die Aussagen ergänzen.

▶

▶

c) Zum Schluss antwortet der Angesprochene und kann zu den Mitteilungen Stellung nehmen.

3. Der soeben Angesprochene behält den Faden in der Hand, sucht sich den nächsten Mitschüler aus und wirft das Knäul weiter. Der Ablauf a, b, c bleibt der gleiche.

4. Am Ende hat jeder von euch den Faden in der Hand – und in der ganzen Gruppe hat sich ein sichtbares „Beziehungsnetz" gebildet.

(verändert nach MILLER, 2007, S. 52)

6.3 Alle für einen – einer für alle

Der Mensch passt sich an seine Umgebung und seine Mitmenschen an. Die Mitmenschen können ihn durch ihren Einfluss fördern oder behindern. Von ihnen übernimmt er Verhaltensweisen und lernt im optimalen Fall zwischen richtigem und falschem Verhalten zu unterscheiden. Auch Schüler passen sich ihrer Klasse an. Handelt es sich um eine chaotische Klasse, die allen Lehrern nur Ärger macht und wird dies so publiziert, entwickelt sich dadurch eine Eigendynamik und alle in der Klasse übernehmen das Verhalten, was ihnen vorher schon bescheinigt wurde. An dieser Situation können auch einzelne Schüler, die ausschließlich durch positive Leistungen und Verhalten herausstechen, nichts mehr ändern.

Wesentlich ist, dass die Klasse und vor allem auch die einzelnen, besonders problematischen Schüler Erfolge erleben, damit sie einen Sinn darin sehen, sich zu bemühen und etwas an ihrem bisherigen Verhalten zu ändern. Somit werden Störer zu Lernern und stören die Lerner nicht mehr.

Jüngere Schüler benötigen zunächst die Anerkennung der Lehrer, ältere Schüler fast ausschließlich die der Mitschüler. Sobald alle Schüler in die Klassengemeinschaft integriert sind und das Gefühl haben, dass die gesamte Klasse hinter ihnen steht und sie auch bei Problemen aufgefangen werden, ist z. B. das Thema Schule schwänzen kein Thema mehr.

Die Klasse muss zu solch einem starken Team zusammenwachsen, dass die Schüler wirklich hintereinander stehen und füreinander einstehen. Wenn das der Fall ist, wird sich nicht nur bei Klassendiensten gegenseitig geholfen, sondern auch beim Erledigen von Hausaufgaben und beim Lernen für Klassenarbeiten. Das ist eine positive Eigendynamik, die sich mit der Zeit verstärkt und dazu führt, dass Schüler wirklich gerne in die Schule kommen und Spaß am Unterricht haben. Der Lehrer kann sich mit der Zeit immer mehr zurücknehmen und Verantwortung auf die Schüler übertragen, weil sie gelernt haben, als Klassengemeinschaft Herausforderungen anzunehmen und dies auch zu bestehen.

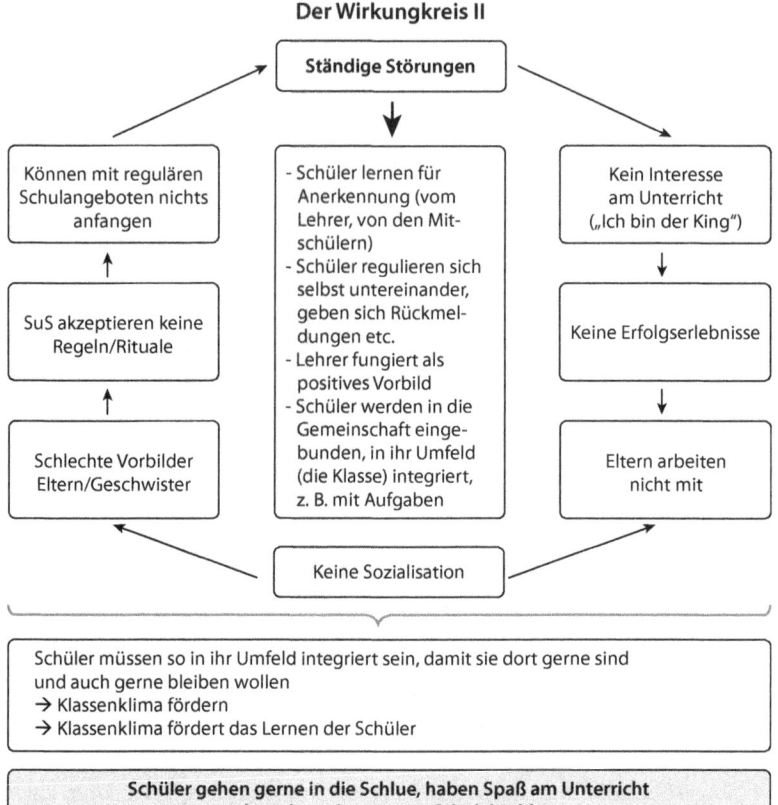

Der Wirkungkreis II

Ständige Störungen

| Können mit regulären Schulangeboten nichts anfangen | - Schüler lernen für Anerkennung (vom Lehrer, von den Mitschülern)
- Schüler regulieren sich selbst untereinander, geben sich Rückmeldungen etc.
- Lehrer fungiert als positives Vorbild
- Schüler werden in die Gemeinschaft eingebunden, in ihr Umfeld (die Klasse) integriert, z. B. mit Aufgaben | Kein Interesse am Unterricht („Ich bin der King") |

SuS akzeptieren keine Regeln/Rituale

Keine Erfolgserlebnisse

Schlechte Vorbilder Eltern/Geschwister

Eltern arbeiten nicht mit

Keine Sozialisation

Schüler müssen so in ihr Umfeld integriert sein, damit sie dort gerne sind und auch gerne bleiben wollen
→ Klassenklima fördern
→ Klassenklima fördert das Lernen der Schüler

Schüler gehen gerne in die Schlue, haben Spaß am Unterricht und machen einen guten Schulabschluss

Abb. 8: Der Wirkungskreis II

6.4 Regulation und Verantwortung von und für sich selbst

Das große Ziel, nicht nur für den schulischen Bereich, sondern vor allem für das spätere Leben ist es, sich selbst organisieren zu können, Verantwortung für sich und sein Handeln zu übernehmen und sich somit selbst regulieren zu können. Kann sich die Klasse selbst Unterstützung geben und hat gelernt, sich bei Störungen zu regulieren, können Sie sich als Lehrer immer mehr zurücknehmen. Auch wenn Sie nicht mehr für alles verantwortlich sind, benötigen die Schüler auch weiterhin Ihre Unterstützung. Die Selbstregulation ist kein Prozess, der mit einem Stichtag plötzlich abgeschlossen ist, sondern ein ständig andauernder Prozess, der teilweise bis ins Erwachsenenalter hineinreicht. Das hängt mit der Entwicklung des Menschen und seinen Moralstufen zusammen. Tillmann erläutert dies am Beispiel der moralischen Urteilsfähigkeit in Bezug auf das Handlungsergebnis und mit dem dazugehörigen Argumentationsniveau:

„Auf die Frage, ob man in einem Laden stehlen darf, antwortet der zehnjährige Joe:

‚Aus einem Geschäft zu stehlen ist nicht gut. Es ist gegen das Gesetz. Jemand könnte Dich sehen und die Polizei holen.‘

Sieben Jahre später wurde dem gleichen Joe diese Frage noch einmal gestellt. Der nunmehr 17-Jährige antwortete:

‚Das ist eine Rechtsfrage. Es gehört zu den Regeln, dass wir uns bemühen, jedermann vor Schaden zu bewahren und das Eigentum zu beschützen... Wenn wir dieses Gesetz nicht hätten, würden die Leute stehlen, sie brauchten nicht für ihren Lebensunterhalt zu arbeiten und unsere ganze Gesellschaft würde aus den Fugen geraten.‘

Noch einmal sieben Jahre später entspinnt sich zwischen dem 24-jährigen Joe und dem Forscher ein differenzierter Dialog zu diesem Problem:

Joe: ‚Man verletzt damit die Rechte einer anderen Person, in diesem Fall das Recht auf Eigentum.‘

Frage: ‚Ist dabei das kodifizierte Recht von Belang?‘

Joe: ‚Nun, das Gesetz gründet sich meistenteils auf das moralisch Richtige, somit handelt es sich nicht um einen selbstständigen Bereich, sondern um eine Betrachtungsweise.‘

Frage: ‚Welche Bedeutung hat für Sie Moralität oder moralische Richtigkeit?‘

Joe: ‚Die Rechte anderer Individuen anzuerkennen, vor allem das Recht zu leben, aber auch, sich zu verhalten, wie es ihnen gefällt, solange sie dabei die Rechte von irgendjemand anderem verletzen“ (TILLMANN, 2004, S.227 f.).

„Der Zehnjährige befindet sich auf dem Niveau präkonventioneller Moral (Stadium 1 und 2): Er ist noch nicht in der Lage, gesellschaftliche Regeln zu verstehen; die individuelle Konsequenz (z.B. Strafe) ist der zentrale Orientierungspunkt.

Der 17-Jährige befindet sich auf dem Niveau der konventionellen Moral (Stadium 3 und 4): Das geltende Recht und die Gesetze sind einzuhalten, weil sie für alle nützlich sind.

Der 24-jährige Joe vertritt eine postkonventionelle Moral (Stadium 5 und 6): Geltende Gesetze werden auf ihre Übereinstimmung mit selbst gewählten moralischen Prinzipien befragt und erhalten erst dadurch Legitimität und Akzeptanz. Dabei handelt es sich um die universalen Prinzipien der Gerechtigkeit: Alle Menschen haben gleiche Rechte, die Würde des Einzelnen ist zu achten" (TILLMANN 2004, S. 228 f.).

Ich finde dieses Beispiel immer wieder sehr eindrucksvoll. Zudem lassen sich die Gesetze gut auf die Klassenregeln übertragen und man sieht genau die Moralstufe der 5.Klässler, die die Regeln nur befolgen, weil sie sonst Sanktionen erwarten. Das ist der Punkt an dem viel früher gearbeitet werden muss, weil die Schüler verstehen müssen, dass das Einhalten von Regeln wichtig ist für das Zusammenleben in der Klasse und nicht wegen Sanktionen. Die Schüler müssen schrittweise möglichst früh, aber ohne Überforderung an die Verantwortungsübernahme für sich selbst und andere herangeführt werden. Verantwortung für sich selbst beginnt immer im Kleinen, d. h. mit dem Packen der Schultasche. Dann folgen Klassendienste, danach kümmert man sich um die Belange von Mitschülern und achtet auf diese und schließlich übernimmt man die Verantwortung für sich selbst.

Lernverträge abschließen

Das beste Beispiel für eine erste Verantwortungsübernahme für sich selbst ist der Lernvertrag (siehe Kopiervorlage S. 118). Ein Lernvertrag kann im Grunde nur mit sich selbst abgeschlossen werden, weil das Lernen an sich niemand kontrollieren kann. Wir Lehrer oder auch die Eltern können die Schüler dabei unterstützen, Hilfe anbieten und die Ergebnisse bewerten, aber den Willen zum Lernen und das wirkliche Lernen liegt einzig und allein beim Schüler selbst. Deshalb sind die meisten Lernverträge zwar schön anzusehen, weil sie teilweise auch auf edlerem Papier gedruckt sind, aber sie erfüllen ihre Aufgabe nicht, weil sie vom Schüler nicht ernst genommen werden. Die meisten Schüler füllen die Lernverträge mit Begeisterung aus und versprechen sich auch viel davon, aber im Endeffekt hängen die Verträge dann nur irgendwo im Zimmer herum und werden nicht umgesetzt, weil es die Schüler allein nicht hinbekommen, weil sie noch nicht so weit sind, solch einen Vertrag eigenständig und selbstbestimmt umsetzen zu können. Dazu muss der Vertrag wieder von außen kontrolliert und überprüft werden. Schüler können ihre Lernverträge selbst auf Erreichen oder Nichterreichen überprüfen und, was viel wichtiger ist, über die Begründung reflektieren, warum etwas funktioniert hat oder warum eben nicht. Wenn Schüler das eigenständig herausgefunden haben und daraus resultierend Hilfestellung erbeten, damit sie es beim nächsten Mal besser machen können, geben Sie ihnen diese, aber zwingen Sie ihnen keine Verträge auf, die nicht gehalten werden können, weil der Sinn darin gar nicht gesehen wird. Deshalb sollte man Lernverträge erst abschließen, wenn man sich sicher ist, dass der

Schüler damit eigenverantwortlich umgehen kann und weiß, für was und wen er lernt nämlich ausschließlich für sich und die Erweiterung seines Wissens.

6.5 Anforderungen an Lehrer

Die Anforderungen an Lehrer sind sehr vielfältig geworden. Stand früher hauptsächlich das Fachliche im Vordergrund, so geht es heute zum größten Teil um Erziehung, damit ein Unterricht teilweise überhaupt erst möglich wird. Ein Lehrer muss zudem das Differenzieren, das Diagnostizieren und eine Methodenvielfalt beherrschen. Hinzu kommt, dass man sich neben allen Anforderungen über seine Rolle als Lehrer bewusst sein muss.

„Gerade neue Lehrkräfte ringen noch mit ihrer pädagogischen Identität, sie sind auf der Suche nach einer Rolle, die ihre Werte integriert, sie authentisch agieren lässt – und die gleichermaßen pädagogisch wirksam ist." (RITTER, 2008, S. 44).

Die Frage ist demnach: Erreicht man seine Schüler eher als Fachmann oder durch eine motivierende Art zu unterrichten, durch die Art der Kommunikation als zugewandte Person, versteht man sich als Dompteur oder strebt man die Selbstregulierung der Schüler an und die Verantwortungsübernahme für die Klasse (vgl. RITTER, 2008, S. 44)? Diese Rolle sollte man zunächst für sich persönlich klären. Katrin Höhmann unterscheidet 4 Typen von Klassenlehrerrollen:

„Typ 1: Der/die pädagogisch Enthusiastische
Ein Klassenlehrer, der mit Leib und Seele vor allem Pädagoge ist. Für seine Eltern und Schüler(innen) ist er Tag und Nacht erreichbar. Er läuft zur Hochform auf, wenn seine Schüler(innen) eine Herausforderung für ihn sind. Klassenfahrten in den Ferien sind für ihn selbstverständlich. Seine Entscheidungen sind vom Kind aus gedacht. Dafür lässt er auch mal den Lehrplan außer Acht. Erlasse nimmt er zur Kenntnis, wenn sie der Arbeit mit seinen Schüler(inne)n dienen.

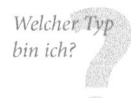

Welcher Typ bin ich?

Typ 2: Der/die engagiert Pragmatische
Ein Klassenlehrer, der pragmatisch zwischen den Ansprüchen der Schüler(innen), der Eltern, der Schulverwaltung und des Faches abwägt. Sein Privatleben und Berufsleben bringt er in eine ausgeglichene Balance. Das Klassenleben und das Klassenklima positiv zu gestalten, ist für ihn wichtig, da er dies für eine wichtige Basis für die Arbeit in der Klasse hält.

Mein Lernvertrag

Name: _____

Ich werde folgende Ziele in der Zeit vom _____ bis _____ umgesetzt

und erreicht haben: _____

_____

Bereich: _____

(1 Unterricht, 2 Hausaufgaben, 3 Verhalten, 4 Sonstiges)
Ziel Planung (Wie will ich das erreichen?)

_____

_____

_____

_____

_____

Ich verpflichte mich hiermit, mir selbst gegenüber den Lernvertag einzuhalten und mit all meinen mir zur Verfügung stehenden Möglichkeiten umzusetzen.

Ort/Datum: _____ Unterschrift: _____

☐ Erreicht ☐ Nicht erreicht

Reflexion und Begründung:_____

_____

_____

_____

So mache ich es beim nächsten Anlauf besser:

_____

_____

Lehrpläne und Erlasse sind ihm eine Richtschnur, an die er sich gebunden fühlt. Im Notfall weicht er aber auch davon ab.

Typ 3: Der/die strukturiert Erlassorientierte

Ein Klassenlehrer, der vor allem die sachliche Funktion sieht. Er kennt die Erlasse, die Rechte und Pflichten der Schüler(innen) und Eltern und damit das, was von ihm erwartet werden kann, sehr genau. Eltern und Schüler(inne)n gibt er immer eine zuverlässige, rechtlich korrekte und sachlich richtige Auskunft. Gibt es Probleme, handelt er transparent. Den Dienstweg hält er stets ein. Bei Abweichungen von rechtlichen Vorgaben, seien es Erlasse oder Lehrpläne, sichert er sich bei seinem Schulleiter bzw. dem Leiter der Fachkonferenz ab.

Typ 4: Der/die auf das Fach Fokussierte

Ein Klassenlehrer, der seine Fächer über alles liebt und die Schüler(innen) seiner Klasse dafür begeistern möchte. Klassengeschäfte sind für ihn lästiges Beiwerk und werden nicht immer sofort erledigt. Auch die Klassenlehrerstunde wird für den Fachunterricht genutzt, wenn nicht wirklich Wichtiges anliegt. Schüler(innen), die von seiner Begeisterung für die Fächer angesteckt worden sind, fördert er zusätzlich, nimmt sie beispielsweise zu besonderen Ereignissen mit. Die anderen finden seine Akzeptanz, aber nicht seine Aufmerksamkeit" (HÖHMANN, 2009, S. 24).

Wenn man weiß, zu welchem Typ man sich selbst am ehesten zuordnet, dann weiß man auch, welche Eigenschaften noch fehlen. Denn ein Lehrer kann es sich heutzutage gar nicht mehr leisten sich auf einen Typ festzulegen. Es ist eine Kombination aus allem gefragt, weil der Beruf mittlerweile so facettenreich ist, dass man alle Anforderungen, die an einen gestellt werden, flexibel abdecken muss.

Oft ist in der Schule zu vernehmen, dass früher alles besser war. Diese These würde ich in Frage stellen und dagegen behaupten, dass es früher nicht besser war, sondern dass heutzutage eben alles anders ist und dass man sich darauf einstellen und dem begegnen muss. Deshalb sind neue Ansätze gefragt.

Mittlerweile ist sehr wichtig geworden, dass Schüler und Lehrer eng zusammenarbeiten. Guter Unterricht verlangt laut Steins, dass ein ständiger Austausch zwischen Lehrperson und Schülern gegeben sein muss (STEINS, 2005, S. 192). Demnach sollte man seinen Unterricht nach jeder Einheit evaluieren. Lassen Sie die Schüler anonym auf ein Blatt die drei Fragen:

„Was war gut?", „Was war nicht gelungen?" und „Was würdet ihr an der Einheit verbessern?" beantworten und beziehen Sie diese Ideen beim nächsten Mal in Ihre Einheit ein.

Fördern Sie das Sozialverhalten und die Motivation Ihrer Schüler durch Spiele, die Sie in den Unterricht einbringen. Sorgen Sie für Erfolge Ihrer Schüler, in dem Sie Ihren Schülern zeigen was sie können. Üben und trainieren Sie mit Ihren Schülern so lange, bis sie ihnen ihr Können bewusst ist. Zeigen Sie Ihren Schülern nicht, was sie alles nicht können, denn davon gibt es weislich mehr. Haben die Schüler nie Erfolg, frustriert sie das und sie werden mit der Zeit negativ reagieren. Das bedeutet aber nicht, dass Sie es Ihren Schülern in Ihrem Unterricht einfach machen sollen, ganz im Gegenteil. Seien Sie ruhig anspruchsvoll, aber entwickeln Sie Konzepte, mit denen die Schüler diesen anspruchsvollen Unterricht erfolgreich meistern können und nachhaltig etwas dabei lernen. Seien Sie überzeugt von dem, was Sie tun, und stehen Sie dahinter.

Irmela Ritter rät zu einer Balance zwischen Beziehungsarbeit und der Vermittlung von Fachwissen (vgl. RITTER, 2008, S. 44). Auch Andreas Gruschka ist davon überzeugt, dass auf Seiten des Lehrers neben der Vermittlung der Inhalte die Erziehung der Schüler verlangt wird (vgl. GRUSCHKA, 2011, S. 135). Leben Sie Ihren Schülern positives Sozialverhalten vor, grüßen Sie z.B. jeden Schüler auf dem Flur und verlangen Sie, zurück gegrüßt zu werden. Verschließen Sie nie die Augen, sondern weisen Sie Schüler, wenn Ihnen ein Fehlverhalten auffällt, zurecht, auch wenn es nicht die Schüler Ihrer Klasse sind.

Lehrer müssen viele Konflikte aushalten können und über ein gutes Instrumentarium der emotionalen und verhaltensbezogenen Selbstreflexion und Selbstkontrolle verfügen (vgl. STEINS, 2005, S. 193).

Die Anforderungen an Lehrer steigen

Die Anforderungen an Lehrer sind gestiegen und steigen weiter. Allein was die Verlagerung von Problemen betrifft, die im Grunde genommen nichts mit dem Unterricht zu tun haben und trotzdem von außerhalb in die Klasse getragen werden, z.B. durch die Kommunikation auf sozialen Netzwerken im Internet. Das sogenannte Cybermobbing wird immer populärer.

In der Klasse muss Solidarität herrschen; diese schützt vor Angriffen. Gibt es keine Außenseiter, gibt es keine Mobbing-Opfer. Achten Sie stets auf Ihre Schüler. Von Mobbing betroffene Kinder gehen meist nur ungern zur Schule und ihre Leistungen verschlechtern sich kontinuierlich. Die beste Prävention gegen Mobbing ist eine starke Klassengemeinschaft.

Wenn Sie etwas bewegen wollen, haben Sie Vertrauen in sich selbst und in Ihre Klasse und haben Sie viel Geduld.

Exkurs Cybermobbing

Einige Kollegen fragen sich, warum sie dem Cybermobbing, einem Phänomen, das vorwiegend im häuslichen Umfeld stattfindet, ihre Aufmerksamkeit widmen müssen und dieses Phänomen als Problem der Schule betrachten müssen. Die Antwort ist simpel und logisch nachvollziehbar: Die Anfänge von Cybermobbing sind fast ausschließlich in der Schule zu verorten. Das Phänomen stört den Schulfrieden immens, weshalb die Schule verantwortlich ist, frühzeitig Prävention dagegen zu betreiben oder Vorfällen Einhalt zu gebieten, falls diese bereits aufgetreten sind.

Ein Beispiel: An einer Schule gingen die Schüler ab einem gewissen Zeitpunkt in den Pausen nicht mehr auf die Toilette. Bald kamen Beschwerden von Eltern, dass die Schüler zu Hause angekommen als erstes immer dringend die Toilette aufsuchten, weil dies in der Schule nicht möglich wäre. Auf Rückfragen stellte sich heraus, dass die Schüler nicht mehr auf die Toiletten gingen, weil sie sich dort gegenseitig von den Nachbartoiletten aus fotografierten und diese Bilder ins Internet stellten. Hier mussten die Lehrer und die Schulgemeinde sofort handeln und Maßnahmen ergreifen.

Cybermobbing ist mittlerweile zu einem Problem an deutschen Schulen geworden und hat durch die neuen Kommunikationsmedien ein ernst zunehmendes Ausmaß erreicht. Schulische Gewalt beschränkt sich damit nicht nur auf den schulischen Kontext, sondern verfolgt die Opfer bis in ihr Privatleben.

Cybermobbing – Ein Problem an vielen Schulen

Janina Fetzer zitiert in ihrer Magisterarbeit den Autor Leymann, der den Arbeitspatz als Entstehungsort von Mobbing ansieht, und zieht die Verbindung zum Lernort Schule als Arbeitsplatz der Schüler (vgl. FETZER 2010, S. 5). Auch Karl Dambach bestätigt diese These und schreibt: „Die Parallele von Arbeitsplatz und Schulklasse, von Mitarbeiter und Mitschüler ist offensichtlich: das tägliche mehrstündige Zusammensein in einer Gruppe, die nicht einfach verlassen werden kann, die gegenseitige Abhängigkeit, gemeinsame Pflichten usw. Deshalb möchte ich das Wort Mobbing auch für die Schule verwenden" (DAMBACH 1998, S. 9). Zwar treten die meisten Fälle von Cyber-Mobbing außerhalb des Schultages auf, „dennoch haben die Untersuchungen gezeigt, dass sie den schulischen Alltag beeinflussen, da es sich vorwiegend um dieselben Personengruppen handelt, die an Mobbing, bzw. Cyber-Mobbing beteiligt sind" (vgl. FETZER 2010, S. 109). Janina Fetzer hat in ihrer Magisterarbeit festgestellt, dass Cyber-Mobbing eine indirekte

Form von Mobbing ist, bei der sich bestehende schulische Konflikte auf den virtuellen Raum und damit auch bis in das Privatleben der Jugendlichen ausweiten (vgl. FETZER 2010, S. 113).

Als eine neue, indirekte Ausdrucksmöglichkeit von Mobbing, hat das Cyber-Mobbing die Dimensionen von schulischer Gewalt verändert, indem es sich auf einen neuen Kontext, die virtuelle Welt, ausgedehnt hat (vgl. FETZER 2010, S. 111). Fetzer zitiert Jäger und Riebel, die geschrieben haben: „Bei Cyber-Mobbing geht es darum, dass neue Techniken, wie z. B. Email, Chats, Instant Messaging Systeme (wie z. B. ICQ oder MSN) oder auch Handys eingesetzt werden, um immer wieder und mit voller Absicht andere zu verletzen, sie zu bedrohen, sie zu beleidigen, Gerüchte über sie zu verbreiten oder ihnen Angst zu machen" (JÄGER und RIEBEL 2009, S. 10).

War früher die Schule vorbei, so kommunizierten die Schüler zu Hause miteinander nur über das Telefon oder verabredeten sich zu einem Treffen.

Soziale Netzwerke

Heute funktioniert die Kommunikation über Instant Messenger wie ICQ, AIM, Live Messenger, MSN etc. und die sozialen Netzwerke wie Facebook, Wer kennt wen, MeinVZ etc. „Ein soziales Netzwerk ist eine Internetplattform, die den Nutzern nach einmaliger Registrierung die Möglichkeit gibt, sich eine eigene, persönliche Seite mit Informationen über sich selbst anzulegen, diese ggf. mit Bildern anzureichern und sich mit anderen Teilnehmern des SN zu vernetzen. SN bieten die Möglichkeit, anderen Nutzern Nachrichten zu senden, Gruppen zu gründen, Blogs zu veröffentlichen, etc. Es geht hier ausschließlich um die Interaktion mit anderen Plattformmitgliedern" (STEPHAN 2010, S. 26).

Da mittlerweile auch fast jedes Handy internettauglich und bei Jugendlichen ständig im Einsatz ist, sind Schüler den ganzen Tag über erreichbar und haben im Grunde keinen Rückzugsraum mehr, da sie ständig online sind oder zu Außenseitern werden, wenn sie es nicht sind. René Stephan formuliert es treffend in seinem Buch: „Sei drin-oder du bist draußen!" (vgl. STEPHAN 2010, Vorwort S. 7). Stephan macht explizit deutlich, dass man sich früher in der realen Welt noch von Personen fernhalten konnte, mit denen man nichts zu tun haben wollte, während man heutzutage virtuell sehr schnell mit allen vernetzt ist und das, ob man will oder nicht (vgl. STEPHAN 2010, S. 28). „Sind dann versehentlich oder aufgrund von zu laxen Privatsphäreeinstellungen Daten öffentlich, die nicht öffentlich sein sollten (Fotoalben, Freundeskreise,...), kommt es schnell zu Problemen" (STEPHAN 2010, S. 28). Auch Fetzer bestätigt, dass die Preisgabe vieler persönlicher Daten im Internet es wahrscheinlicher mache, ein Opfer von Mobbing zu werden (FETZER 2010, S. 113), zumal bereits veröffentlichte Daten nicht mehr oder nicht mehr so leicht aus der Online-Welt zu entfernen sind. Deshalb müssen Schüler lernen, mit den sozialen Netzwerken umzugehen.

Das Web 2.0 und Social Web (Soziales Netzwerk)

René Stephan schreibt, dass, seitdem das Web 2.0 in aller Munde sei, auch das Thema Bullying (to bully someone = jemanden schikanieren/tyrannisieren/einschüchtern) in der Öffentlichkeit an Präsenz gewänne (vgl. STEPHAN 2010, S.29). Er verwendet anstelle des Wortes Mobbing lieber das Wort Bullying, das seiner Aussage nach treffender wäre. Das „Social Web" sei, insbesondere in Gestalt der Sozialen Netzwerke, im Alltag der breiten Öffentlichkeit angekommen und je jünger die Zielgruppe sei, desto höher wäre die Bedeutung. Diese Veränderung im Mediennutzungsverhalten wird bei den Jugendlichen deutlich sichtbar: „So hat Bullying (= Mobbing im schulischen Umfeld) offenbar mit dem ‚Social Web' eine neue Plattform gefunden" (STEPHAN 2010, S.9). René Stephan zitiert Ebersbach, der das Social Web als Teilbereich des Web 2.0 versteht, indem es hauptsächlich „um die Unterstützung sozialer Strukturen und Interaktionen über das Netz" ginge (vgl. EBERSBACH 2008, S.29). 2007 stellte nach Stephans Aussage die Europäische Kommission in ihrer qualitativen Studie „Safer Internet for Children" fest, „dass Cyber-Bullying ein Phänomen ist, das insbesondere bei Kindern und Jugendlichen auftaucht und dort eine hohe Relevanz hat. Hier hatte eine große Zahl der befragten Jugendlichen bereits persönlich Erfahrung mit Cyber-Bullying gemacht – oder zumindest eine/n Klassenkameraden/in, die/der solche Erfahrungen machen musste" (STEPHAN 2010, S.29). Während es früher nur Auseinandersetzungen im „realen Leben" gab, so gibt es nun im Internet die Möglichkeit „Hassgruppen" zu gründen (vgl. STEPHAN 2010, S.9).

Durch das Web 2.0 und das mobile Internet, sind völlig neue Dimensionen der Nutzung entstanden. Somit ist heute kein fester Internetanschluss mehr nötig, um online zu sein, sondern man kann von überall mit dem Handy, PDA, Smartphone, Tablet, Laptop oder Netbook drahtlos surfen. Dadurch sind aber auch den gewalttätigen Verhaltensweisen, wie dem Cyber-Mobbing oder – Bullying keine räumlichen und zeitlichen Grenzen mehr gesetzt und somit immer und überall möglich (vgl. FETZER 2010, S.46).

7.1 Mobbing/Cybermobbing vs. Bullying/Cyberbullying

Mobbing leitet sich vom Begriff „Mob" ab und wird für „Pöbel" und „kriminelle Bande, organisiertes Verbrechertum" verwendet. Während der Begriff Mobbing, nach Olweus, „für Übergriffe einer oder mehrerer Personen gegenüber Dritten" (vgl. Stephan 2010, S. 13) verwendet wird (vgl. Olweus 1973, S. 8). Bullying definiert Olweus (1993, S. 9) „als negative Handlung, die wiederholt und über einen längeren Zeitraum von einer oder mehreren Personen gegen eine Person ausgeführt werden" (vgl. Stephan 2010, S. 14). „Bullying muss dabei nicht zwingend körperlich stattfinden, sondern kann auch verbal erfolgen" (Stephan 2010, S. 14). Meistens werden in Deutschland die beiden Begriffe „Mobbing" und „Bullying" synonym verwendet. Allerdings wurde in Studien belegt, dass „Übergriffe im schulischen Umfeld meist von Einzelpersonen ausgehen" (vgl. Stephan 2010, S. 15). Deshalb empfiehlt Stephan den Begriff „Bullying" zu verwenden, wenn es sich um schulische Übergriffe handelt (vgl. Stephan 2010, S. 15). Heute, im Jahr 2013, kann man allerdings davon ausgehen, dass sich doch der Begriff „Mobbing" durchgesetzt hat und von „Bullying" nur in Fachkreisen gesprochen wird.

7.1.1 Die Kommunikationskanäle

Für das Cybermobbing kommen als Kanäle die Sms, E-Mails, das Telefon oder die Internetverbindung für die Verbreitung von Bildern und Videoclips, in Chatrooms, via Instant Messaging oder auf Websites infrage. Häufig werden bei Übergriffen mehrere dieser Kanäle teilweise gleichzeitig verwendet (vgl. Stephan 2010, S. 19f.). Die Opfer werden damit bloßgestellt, gehänselt und erpresst.

7.1.2 Der Personenkreis

Meistens findet Cybermobbing unter Gleichaltrigen statt (vgl. Stephan 2010, S. 17). In der realen Welt sind die Täter, die sogenannten Bullys, den Opfern (Victims) bekannt. Das ist beim Cybermobbing nicht anders. Nur kann das in der realen Welt begonnene mobben im Internet unter falschem Namen weitergeführt werden (vgl. Stephan 2010, S. 70).

Mobbing wird als soziales Problem angesehen (vgl. Fetzer 2010, S. 21). Das schulische Umfeld ist maßgeblich beteiligt, wenn über Faktoren von Mobbing gesprochen wird. Das Mobben von Mitschülern wird durch den Schulkontext stark beeinflusst. Herrscht eine negative, unkooperative Stimmung in den Klassen, ist dies der perfekte Nährboden für Mobbingprozesse (vgl. Fetzer 2010, S. 32). Mobbing gilt zudem als ein dynamischer Gruppenprozess. Das bedeutet, dass Gruppenprozesse innerhalb der Klasse zur Aufrechterhaltung des Mobbings beitragen können (vgl. Stephan 2010, S. 22). „Normalerweise beziehen alle Schüler der Klasse, wenn auch oft unbewusst, hierbei einen Standpunkt und unterstützen entweder Täter oder Opfer mit dem Ziel, ihren eigenen sozialen Status nicht zu gefährden" (FETZER 2010, S. 22). Betrachtet man die Rollen des Mobbingprozesses im Einzelnen, so gelten Täter und Opfer als die hauptsächlichen Akteure (vgl. FETZER 2010, S. 97). Neben diesen gibt es die Gruppe der Schüler, die nie selbst einen Mobbingprozess auslösen würden, sich aber doch beteiligen. Sie werden als

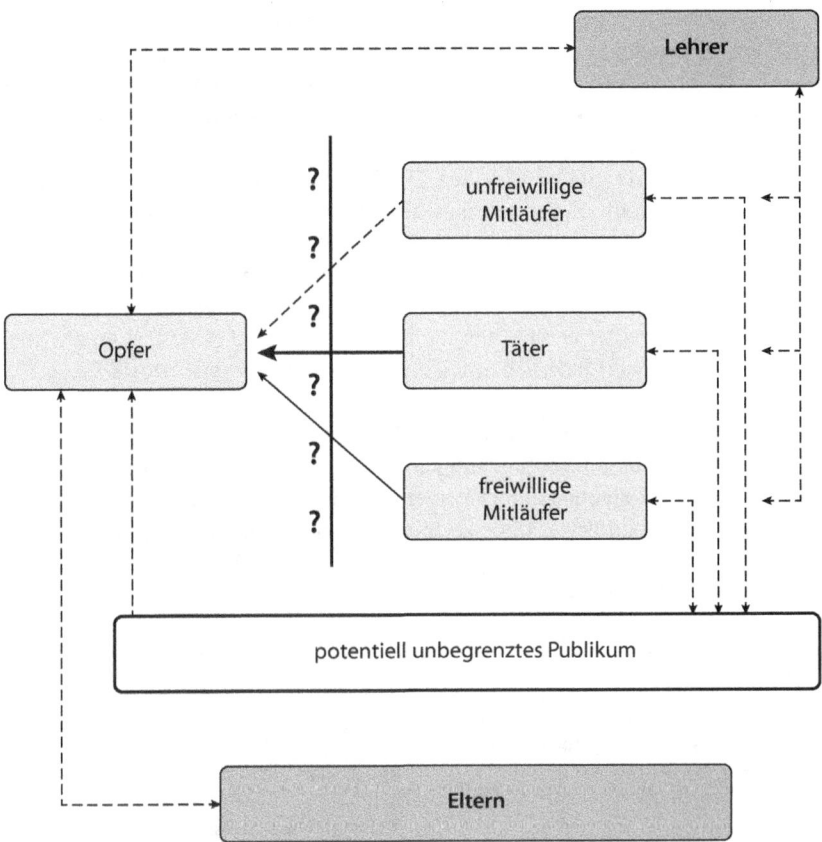

Abb. 9: Beteiligte, die den Cyber-Mobbingprozess durch ihr Verhalten direkt (durchgzogene Linie) oder indirekt (gestrichelte Linie) beeinflussen und in Wechselwirkung zueinander stehen. Die besondere Rolle der Lehrer und Eltern wird durch die Abgrenzung (dicke Formkontur) zu den anderen Beteiligten verdeutlicht, die mögliche Anonymität der Täter durch die durchgezogene Linie sowie die Fragezeichen (nach FETZER 2010, S. 97).

„passive Täter", „Mitläufer" oder „Gefolgsleute" bezeichnet (vgl. Fetzer 2010, S. 29). Alle anderen Schüler der Klasse gelten als „Außenstehende", die allerdings das Mobbing-Opfer nicht unterstützen, sondern vielmehr versuchen, „der Mobbingsituation aus dem Weg zu gehen und sie zu vermeiden" (vgl. Fetzer 2010, S. 29). Lehrer und Eltern bekommen oft nichts von den Mobbingaktivitäten mit, weil die Opfer ihre Situation aus Angst verheimlichen und die Täter nicht unter ihrem eigenen Handeln leiden, sondern vielmehr mit Sanktionen von Eltern und Lehrern rechnen müssten (vgl. Fetzer 2010, S. 30). In der realen Welt musste der Täter (Bully) seinem Opfer (Victim) gegenübertreten. Beim Cyber-Mobbing oder -Bullying ist der Täter zunächst anonym und kann dies auch während der gesamten Attacken gegen sein Opfer bleiben. Die Reaktionen des Opfers nimmt der Täter nicht wahr und empfindet deshalb auch keine Empathie, die seine Handlungen stoppen würde (vgl. Stephan 2010, S. 16f.). Zudem bedarf es im Internet meist nur einer Attacke, denn „eine einmal in einem SN gegründete Gruppe wird zum Selbstläufer, ein Video bei YouTube wird ohne weiteres Zutun des Bullys von Dritten weiter verbreitet, eine E-Mail, einmal weitergeleitet, kursiert plötzlich unaufhörlich im Netz" (Stephan 2010, S. 16).

7.1.3 Verschiedene Erscheinungsformen

Cyber-Mobbing bzw. Bullying kann in verschiedenen Formen in Erscheinung treten. Stephan unterscheidet zwischen direktem und indirektem Bullying, während Fetzer diese genauere Einteilung nicht vornimmt, sich aber ebenfalls auf Fawzi (2009, S. 39) und Willard (2007, S. 5fff.) bezieht (Stephan, 2010, S. 21 und Fetzer 2010, S. 63 fff.):

Direktes Cyber-Bullying	Indirektes Cyber-Bullying
• Flaming (Beleidigung, Beschimpfung) • Harassment (Belästigung, Schikanierung) • Cyberstalking (fortwährende Belästigung) • Cyberthreats (offene Androhung von Gewalt)	• Denigration (Verleumdung) • Outing and Trickery (Bloßstellung und Betrügerei) • Impersonation (Auftreten unter falscher Identität) • Exclusion (Ausschluss, Ausgrenzung)

„Im direkten Cyber-Bullying erfolgt der Angriff durch einen tatsächlichen, direkten Kontakt des Bullys zum Victim über einen digitalen Kommunikationsweg, also bspw. Über SMS, MMS, E-Mails, Telefonanrufe, Instant Messenger oder in einem SN. In sozialen Netzwerken könnten das z. B. eine private Nachricht oder ein Eintrag ins Gästebuch des Victim sein" (Stephan 2010, S. 20).

„Beim indirekten Cyber-Bullying hingegen ist kein persönlicher Kontakt des Bullys zum Victim notwendig. Vielmehr konzentriert es sich auf Verleumdung und Ausgrenzung, nutzt die Möglichkeiten einer falschen Identität oder verleumdet das OPFER"(STEPHAN 2010, S. 20).

7.1.4 Die Folgen

	Bully (Täter)	Victim (Opfer)
Kurzfristige Folgen	• Imagegewinn • Gefühl der Macht	• Angst • Trauer • Wut
Langfristige Folgen	• Antisoziale Persönlichkeitsstörung • Neigung zur Kriminalität	• Niedriges Selbstwertgefühl • Depression

(STEPHAN 2010, S. 22; RIEBEL 2008, S. 48)

Weitere langfristige Folgen können beim Victim ein Leistungsabfall in der Schule oder gar das Meiden der Schule sein. Aber auch für den Bully können sich Folgen ergeben, indem er durch sein negatives Verhalten möglicherweise auf Ablehnung bei Gleichaltrigen stößt (vgl. STEPHAN 2010, S. 23).

Hier wird wieder ganz deutlich, dass die Folgen massive Auswirkungen im schulischen Bereich haben. Deshalb ist eine frühzeitige Prävention notwendig.

7.1.5 Tipps zur Prävention

Die wichtigste Prävention ist wohl, den Schulkontext und die Gemeinschaft in der Klasse so zu fördern und zu stärken, dass jeder Schüler soziale Fähigkeiten und Kompetenzen besitzt, die eine Mobbingkultur gar nicht erst aufkommen lassen. Ist die Klasse zu einem Team zusammengewachsen, in dem es keinen Außenseiter gibt, dann wird es auch kein potentielles Opfer geben. Überprüfen Sie mit Hilfe des soziometrischen Tests aus Kapitel 4 frühzeitig die Strukturen in Ihrer Klasse. Falls nötig setzen Sie zusätzlich die folgenden Fragebögen (Seite 128 bis 131) zum Thema Mobbing in Ihrer Klasse ein:

Mobbing schnell unterbinden

Mobbing- bist du auch betroffen?

Definition: Unter „Mobbing" wird eine konfliktbelastete Kommunikation in der Schule unter Schülern oder zwischen Lehrern und Schülern verstanden, bei der die angegriffene Person unterlegen ist und von einer oder mehreren Personen systematisch und über einen längeren Zeitraum mit dem Ziel oder dem Effekt des Ausgrenzens direkt oder indirekt angegriffen wird. Dies wird als Diskriminierung begriffen.

Kreuze an, ob du ein Junge oder ein Mädchen bist: ☐ Junge ☐ Mädchen

Bitte beantworte folgende Fragen anonym und so ehrlich wie möglich:	ja	nein
1. Meine Möglichkeiten, mich in der Klasse frei zu äußern, sind eingeschränkt.	☐	☐
2. Ich werde öfter angeschrien oder ausgeschimpft als andere in der Klasse.	☐	☐
3. Ich bin von Klassenkameraden noch nie privat eingeladen worden.	☐	☐
4. Mir werden wichtige Informationen nicht oder nicht korrekt ausgerichtet.	☐	☐
5. Die Gespräche meiner Mitschüler verstummen, wenn ich dazukomme.	☐	☐
6. Man verbreitet Gerüchte über mich.	☐	☐
7. Ich bin verbal oder tätlich sexuellen Belästigungen ausgesetzt.	☐	☐
8. Ich habe manchmal Angst, in die Schule zu kommen.	☐	☐
9. Mitschüler profilieren sich gezielt auf meine Kosten, z. B. Lehrer gegenüber.	☐	☐
10. Man nutzt mich öfters aus.	☐	☐
11. In Internetforen wird über mich hergezogen.	☐	☐
12. Mitschüler, zu denen ich früher engen Kontakt hatte, ziehen sich von mir zurück.	☐	☐
13. Weil ich gut in der Schule bin, wird schlecht über mich geredet.	☐	☐
14. Die Lehrer haben keine Ahnung, ob die Klassengemeinschaft wirklich gut ist.	☐	☐

▶

	ja	nein
15. An Klassenfahrten oder –feiern nehme ich nur ungern teil.	☐	☐
16. Ich wäre lieber in einer anderen Klasse.	☐	☐
17. Ich fühle mich als Außenseiter in meiner Klasse, weil ich anders denke und aussehe.	☐	☐
18. Ich vertraue eigentlich niemanden in meiner Klasse richtig.	☐	☐
19. Ich werde mit Telefonterror belästigt.	☐	☐
20. Mir wird öfters zu verstehen gegeben, das ich zu einer Gruppe nicht dazugehöre.	☐	☐
21. Ich werde von Lehrer systematisch benachteiligt.	☐	☐
22. Ich träume häufig schlecht von der Schule.	☐	☐
23. Ich werde von Mitschüler geschlagen oder mir werden Schläge angedroht.	☐	☐
24. Meine Meinung zählt weniger als die anderer.	☐	☐
25. Ich werde bestohlen oder mein Eigentum wird versteckt oder beschädigt.	☐	☐
26. Ich werde ausgelacht.	☐	☐
27. Schüler aus anderen Klassen haben eine Meinung über mich, obwohl sie mich gar nicht kennen.	☐	☐
28. Ich habe für meine Probleme Ansprechpartner unter meinen Mitschülern.	☐	☐
29. Ich habe für meine Probleme Ansprechpartner unter meinen Lehrern.	☐	☐
30. Ich kann zu Hause über meine Probleme sprechen.	☐	☐

(nach Oliver Sonntag/Gutenbergschule Wiesbaden)

Mobbing – bist auch du beteiligt?

Kreuze an, ob du ein Junge oder ein Mädchen bist: ☐ Junge ☐ Mädchen

Bitte beantworte folgende Fragen anonym und so ehrlich wie möglich:	ja	nein
1. Leistungsstarke Mitschüler sind bei uns oft Zielscheiben für verletzende Bemerkungen.	☐	☐
2. Ich lache öfter mal Mitschüler aus.	☐	☐
3. Es gibt Mitschüler, die vom Typ her einfach Opfer sind.	☐	☐
4. Ich nehme für fehlende Mitschüler, die ich nicht mag, keine Arbeitsblätter mit.	☐	☐
5. Gespräche, an denen ich beteiligt bin, verstummen, wenn gewisse Mitschüler dazukommen.	☐	☐
6. Ich erzähle Gerüchte über andere, von denen ich erfahre, weiter. Nur wenn viele davon wissen, kann ich mir eine eigene Meinung bilden.	☐	☐
7. Wenn mich ein Mitschüler nervt, drohe ich ihm schon mal ernsthaft.	☐	☐
8. Ich kenne Mitschüler, die Angst haben, in die Schule zu kommen.	☐	☐
9. Es gibt Mitschüler, die ich regelrecht hasse, auch wenn sie mir eigentlich nichts getan haben.	☐	☐
10. Wenn ich sehe, dass jemand fertiggemacht wird, greife ich ein.	☐	☐
11. Ich bin im SchülerVZ in Gruppen, die sich gegen Lehrer oder Mitschüler richten.	☐	☐
12. Wenn kein Lehrer im Raum ist, zeigen einige offen, dass sie wenig voneinander halten.	☐	☐
13. Respekt in der Klasse muss man sich verdienen, den gibt's nicht geschenkt.	☐	☐

	ja	nein
14. Die Lehrer müssen uns so erziehen, dass niemand gemobbt wird.	☐	☐
15. Es gibt Mitschüler, die anlässlich Klassenfahrten oder- feiern besser zu Hause bleiben sollten.	☐	☐
16. Ich wünsche mir, ich könnte etwas tun, damit gewisse Mitschüler die Klasse verlassen.	☐	☐
17. Ich bin in meiner Meinungsbildung über andere unabhängig von der Meinung der Gruppe.	☐	☐
18. Es macht Spaß, andere zu ärgern.	☐	☐
19. Ich habe andere schon mal mit Telefonterror belästigt.	☐	☐
20. Ich habe Lehrer, die sich Einzelne herauspicken und fertigmachen.	☐	☐
21. Die Lehrer tun nicht genug dafür, dass wir respektvoll miteinander umgehen.	☐	☐
22. Ich warne die Schüler anderer Klassen vor manchen meiner Klassenkameraden.	☐	☐
23. Unsere Eltern müssen und so erziehen, dass niemand gemobbt wird.	☐	☐
24. Ich verstecke oder beschädige das Eigentum von Mitschülern.	☐	☐
25. Wer gemobbt wird, ist immer auch ein Stück weit selbst daran schuld.	☐	☐

(nach Oliver Sonntag/Gutenbergschule Wiesbaden)

Die Fragebögen sind anonym, sodass sich die Schüler ehrlich äußern können. Thematisieren Sie das Thema Mobbing und mögliche Probleme, die sich durch die Fragebögen zeigen können. Beziehen Sie die gesamte Klasse mit ein und lassen Sie es nicht zu, dass sich Rollen bilden. In einer starken Klassengemeinschaft muss jeder die gleiche Rolle haben. Fungiert die Klasse als eine Gemeinschaft, in der alle die gleichen Rechte und Pflichten haben, und kann sie sich selbst regulieren, dann werden soziale Übergriffe gar nicht erst zugelassen. In einer als wirkliches Team funktionierenden Klassengemeinschaft findet sich kein Nährboden für Mobbingprozesse.

Als Lehrer sollten Sie zudem versuchen, das Vertrauen Ihrer Schüler zu gewinnen und diesen stets das Gefühl geben, sie ernst zu nehmen und ihre Anliegen entsprechend zu vertreten. Denn leider werden Lehrer nur sehr selten über Mobbinggeschehnisse informiert, weil Schüler denken, dass Lehrer ohnehin nicht einschreiten würden oder ihnen helfen könnten (vgl. FETZER 2010, S. 99). Genauso wie es einen Vertrauenslehrer an jeder Schule gibt, sollte es auch einen Medienbeauftragten geben. Das bedeutet nicht, dass sich nur dieser über das Thema informieren muss. Stephan fordert ganz klar, dass der sichere Umgang mit sozialen Netzwerken in den Unterricht allgemeinbildender Schulen mit einfließen solle. Dazu müssten die Lehrer entsprechend aus- und fortgebildet werden (vgl. STEPHAN 2010, S. 83).

Günter Steppich bietet solche Fortbildungen vom Hessischen Kultusministerium aus an. Sie können seine gesamte Medienfortbildung in 17 Teilen auf YouTube ansehen unter der Adresse: www.youtube.com/watch?v=DPAYnyUl0_U&list=PL8ACC0F249B462FBB

und den Vortrag als PDF unter http://www.medien-sicher.de/jms/Handbuch_Jugendmedienschutz.pdf

herunterladen. Günter Steppich fordert eine enge Zusammenarbeit mit den Eltern. Auch Fetzer trifft die Aussage, dass gerade ein „unterstützender Erziehungsstil" (vgl. FETZER 2010, S. 35) Mobbing verhindern kann.

In der Klasse muss Solidarität herrschen; diese schützt vor Angriffen. Gibt es keine Außenseiter, gibt es keine Mobbing-Opfer. Achten Sie stets auf Ihre Schüler. Von Mobbing betroffene Kinder gehen meist nur ungern zur Schule und ihre Leistungen verschlechtern sich kontinuierlich. Die beste Prävention gegen Mobbing ist eine starke Klassengemeinschaft.

Wenn Sie etwas bewegen wollen, haben Sie Vertrauen in sich selbst und in Ihre Klasse und haben Sie viel Geduld.

Nachwort

Das große Ziel der Schule sollte sein, dass Schüler und Lehrer gerne in die Schule kommen und Freude am gemeinsamen Lernen haben.

Die Schüler sollen zu selbstständigen, reflektierten und verantwortungsbewussten Menschen gebildet werden, die sich später in der Gesellschaft problemlos zurechtfinden und den Anforderungen des Arbeitslebens durch Flexibilität und Teamfähigkeit gewachsen sind.

Dazu müssen die Schüler eine positive Sozialisation durchlaufen, die normalerweise im Elternhaus beginnt. Wenn sie dort allerdings nicht funktioniert, dann müssen Sie als Lehrer innerhalb der Schule alles daran setzen, um dies aufzufangen. Schüler müssen gerne in ihre Klasse gehen und sich dort von ihren Mitschülern und Lehrern ernstgenommen und willkommen fühlen. Trotzdem müssen Sie als Lehrer daran denken, dass Sie sich in Ihrem Beruf befinden, d.h. Sie müssen eine geschäftliche Emotionalität an den Tag legen.

Es gibt viele Theorien und Ratgeber zum Klassenmanagement und dem Verhalten bei Störungen im Unterricht. Man muss dabei aber immer bedenken, dass Menschen nicht systematisch einer Theorie in ihrem Handeln folgen, vor allem Kinder nicht. Menschen sind praktisch und reagieren menschlich. Für alle Reaktionen gibt es Gründe und man kann Schüler in ihrem Verhalten manipulieren. Dabei ist die Manipulation hier ausschließlich positiv gemeint, indem man Schüler z.B. gezielt motiviert, um sie für das Lernen zu interessieren. Für Verhaltensänderungen an sich gibt es leider kein einheitliches Training oder den sogenannten Königsweg.

Es gibt kein Rezept gegen Unterrichtsstörungen, denn pädagogisches Handeln ist individuell und hängt von den daran beteiligten Personen ab. Dafür ist es eine Arbeit mit Menschen und nicht mit Maschinen. Wichtig ist, die Schüler ernsthaft zum Denken und damit zum gewünschten Handeln zu bringen.

Menschen sind keine Objekte, Kinder erst recht nicht. Man darf auch niemanden aufgeben, sollten sich nicht sofort Verbesserungen im Verhalten zeigen. Die Individualität eines jeden Einzelnen zu erkennen ist wichtig, aber das ist schwer und kostet Zeit bei einer Klassenstärke von 30 Schülern und mehr. Verlieren Sie nie die Einstellung, dass jede Schulstunde ein neuer Anfang ist und vergessen Sie alles gewesene davor. Ich verwende gerne die Metapher des Schlüssels. Jeder Schüler ist im Grunde genommen genauso individuell wie ein Schlüsselloch, in das auch nur ein bestimmter Schlüssel passt. Sie müssen den passenden Schlüssel finden, damit Ihre Schüler optimal lernen können und zu verantwortungsvollen Menschen werden.

Die Methoden, Maßnahmen und Übungen, die Sie einsetzen müssen sowohl zu Ihnen als Lehrer passen, als auch von der Schülerseite her angenommen werden. Jeder Mensch ist anders und das macht uns so einzigartig. In einem guten Team findet jeder selbst seinen Platz und in einer funktionierenden Klasse kommt jeder mit jedem klar, was eine sehr gute Sozialkompetenz darstellt. Geben Sie Ihren Schülern Raum, aber setzen Sie auch klare Grenzen. Kündigen Sie nichts an, was Sie nicht umsetzen werden, denn sonst verlieren Sie Ihre Glaubwürdigkeit. Als Lehrer müssen wir Verhalten verstehen, um Verhalten erklären und bei den Schülern verändern zu können, d.h. nicht das Verhalten zu entschuldigen, denn davon haben die Schüler nichts in ihrem weiteren Leben. Die Erziehung zur Mündigkeit, gerade das nachhaltige Erziehen ist wesentlich wichtiger als der Moment. Es kommt schließlich auch auf nachhaltiges Lernen an. Die angewandten Methoden, Maßnahmen und Übungen müssen Sie mit den Schülern immer besprechen. Evaluieren Sie und lassen Sie reflektieren, erfragen Sie Meinungen, besprechen Sie alles sehr kritisch und thematisieren Sie Neuerungen, Probleme oder sonstige Anfragen mit Ihren Schülern. Lassen Sie nie etwas ins Leere laufen, indem Sie es nicht mehr aufgreifen. Wenden Sie keine Methode um der Methode willen an, sondern legen Sie Ihren Schülern den Sinn dahinter transparent dar. Lassen Sie die Schüler verstehen, warum Sie etwas tun sollen und warum Sie es genauso tun sollen.

Wir Lehrer müssen den Schülern helfen, indem wir ihnen immer wieder aufzeigen, was sie können. Das betrifft nicht nur den Unterrichtsstoff, sondern auch das soziale Verhalten und die Verantwortungsübernahme. Etwas zu können und dafür Anerkennung zu erhalten, motiviert ungemein. Das Positive herauszustellen ist viel bedeutender als sich lange an Negativem aufzuhalten. Wenn Schüler ständig nur frustriert werden, führt das automatisch zu Aggressionen, die sich verschieden äußern können, eben auch durch mutwillig störendes Verhalten.

Schüler nehmen häufig viel mehr wahr als der Lehrer, deshalb sorgen Sie für eine sehr gute Atmosphäre innerhalb der Klasse, sodass sich die Schüler vertrauen und gegenseitig unterstützen und helfen. Sollten Schüler vielleicht in ihren Eltern keine Ansprechpartner haben und sich sonst nirgends hinwenden können, dann ist die Klasse ihr Ort, wo sie Beratung, Unterstützung und Hilfe erhalten.

Literatur

BILLER, KARLHEINZ (1979): Unterrichtsstörungen. Stuttgart, 1979

BUNDESZENTRALE FÜR GESUNDHEITLICHE AUFKLÄRUNG (HRSG.)(2006): Achtsamkeit und Anerkennung. Materialien zur Förderung des Sozialverhaltens in den Klassen 5-9.
Köln: Bundeszentrale für gesundheitliche Aufklärung

DAMBACH, KARL (1998): Mobbing in der Schulklasse. Ernst Reinhardt Verlag (Kinder
sind Kinder, 15)

DREIKURS, RUDOLF (2009): Psychologie im Klassenzimmer. 3. Auflage. Stuttgart

EBERSBACH, ANJA; GLASER, MARKUS; HEIGL, RICHARD (2008): Social Web. Stuttgart: UTB

EICHHORN, CHRISTOPH (2010): Classroom-Management. Wie Lehrer, Eltern und Schüler
guten Unterricht gestalten. 3. Auflage. Stuttgart

EICHHORN, CHRISTOPH ; CONNEMANN, RALF; MERTENS, MECHTHILD; LANIG, JONAS (2010): Meine Klasse organisieren. Eine Sonderausgabe von Starke Lehrer – Starke Schule.
Stuttgart

GARLICHS, ARIANE; LEUZINGER-BOHLEBER, MARIANNE (1999): Identität und Bindung. Die
Entwicklung von Beziehungen in Familie, Schule und Gesellschaft. Erziehung im
Wandel 2. Weinheim, München: Juventa

FAWZI, NAYLA (2009): Cyber-Mobbing. Ursachen und Auswirkungen von Mobbing im
Internet. Baden-Baden: Nomos Edition Reinhard Fischer (Internet research, 37)

FETZER, JANINA (2010): Cyber-Mobbing – Veränderte Dimensionen von Gewalt unter
Schülern durch die Nutzung neuer Kommunikationsmedien? Magisterarbeit zur Er-
langung des akademischen Grades Magistra Artrium. Institut für Erziehungswissenschaften Universität Kassel

GIESECKE, HERMANN (1997): Die pädagogische Beziehung. Pädagogische Professionalität
und die Emanzipation des Kindes. Weinheim, München

GRUSCHKA, ANDREAS (2011): Verstehen lernen. Ein Plädoyer für guten Unterricht. Stuttgart: Philipp Reclam jun.

HESSISCHES KULTUSMINISTERUM (2009): Institut für Qualitätsentwicklung (Hrsg.): Lehren
und Lernen. Erläuterungen und Praxisbeispiele zum Qualitätsbereich VI des Hessischen Referenzrahmens Schulqualität. Wiesbaden

HILLENBRAND, CLEMENS (2011): Didaktik bei Unterrichts- und Verhaltensstörungen. 3.
aktualisierte Auflage. München, Basel: Ernst Reinhardt Verlag UTB

HÖHMANN, KATRIN (2009): Klassenlehrer. Ideen und Hilfen für den Alltag. In: Arnz,
Siegfried; Becker, Gerold; u. a. (Hrsg.): Erziehen – Klassen leiten. Friedrich Jahresheft XXVII 2009. Seelze: Friedrich Verlag, Extrabeilage

JÄGER, REINHOLD; RIEBEL, JULIA (2009): Klassifikation von Cyberbulling. Eine empirische
Untersuchung zu einem Kategoriesystem für die Spielarten virtueller Gewalt. In:
Diskurs Kindheits- und Jugendforschung, Jg. 4, Heft 2, S. 233-240

JOHNSON, DAVID; JOHNSON, ROBERT; JOHNSON HOLUBEC (2005): Kooperatives Lernen- Kooperative Schule. Tipps-Praxishilfen-Konzepte. Mühlheim: Verlag an der Ruhr.
[amerikanische Originalausgabe: JOHNSON, DAVID; JOHNSON ROBERT; JOHNSON HOLUBEC

(2002): Circles of learning: Cooperation in the classroom. Edina, MN: Interaction Book Company]

KELLER, GUSTAV (2010): Disziplinmanagement in der Schulklasse. Unterrichtsstörungen vorbeugen – Unterrichtsstörungen bewältigen. 2., aktualisierte Auflage. Bern: Huber

KLIPPERT, HEINZ (2002): Teamentwicklung im Klassenraum. Übungsbausteine für den Unterricht. 6. unveränderte Auflage. Weinheim und Basel: Beltz

KOHLBERG, LAWRENCE (1996): Die Psychologie der Moralentwicklung. Frankfurt am Main: Suhrkamp

KOWALCZYK, WALTER; DEISTER, WINFRIED (2009): 99 Tipps: Störungsfreier Unterricht. 2. Auflage. Berlin: Cornelsen

LARGO, REMO H.; BEGLINGER, MARTIN (2010): Schülerjahre. Wie Kinder besser lernen. München und Zürich: Piper

LOHMANN, GERT (2009): Mit Schülern klarkommen. Professioneller Umgang mit Unterrichtsstörungen und Disziplinkonflikten. 6. Auflage. Berlin: Cornelsen

RITTER, IRMELA (2008): Unterrichtsstörungen. Die besondere Herausforderung, nicht nur für Berufseinsteiger. In: Pädagogik. Serie: Neu im Lehrerberuf. 6. Folge. 60. Jahrgang, Heft 6, Juni 2008, S. 40-44

SCHÄFER, CHRISTA D. (2006): Wege zur Lösung von Unterrichtsstörungen. Jugendliche verstehen – Schule verändern. Baltmannsweiler: Schneider Verlag Hohengehren

STEINS GISELA (2005): Sozialpsychologie des Schulalltags. Das Miteinander in der Schule. Stuttgart: Kohlhammer

STEPHAN, RENÉ (2010): Cyber-Bullying in sozialen Netzwerken. Maßnahmen gegen Internet-Mobbing am Beispiel von schülerVZ. Boizenburg: Verlag Werner Hülsbusch

TILLMANN, KLAUS JÜRGEN (2000): Sozialisationstheorien. Eine Einführung in den Zusammenhang von Gesellschaft, Institution und Subjektwerdung. Reinbek bei Hamburg: Rowohlt

WINTERHOFF MICHAEL (2010): Warum unsere Kinder Tyrannen werden. Oder: Die Abschaffung der Kindheit. München: Goldmann

WILLARD, NANCY: Cyberbullying and Cyberthreats: Responding tot he Challenge of Online Social Aggression, Threats, and Distress. Champaign, IL: Research Press, 2007

Weiterführende Literatur

ARNZ, SIEGFRIED (2008): Zur Wiederentdeckung der Disziplin. In: Pädagogik: 60. Jahrgang. Heft 6

BAUMGART, FRANZJÖRG; LANGE, UTE (HRSG.)(2006): Theorien der Schule. Erläuterungen, Texte, Arbeitsaufgaben. 2. durchgesehene Auflage. Bad Heilbrunn

BENNER, DIETRICH; BRÜGGEN, FRIEDHELM (2011): Geschichte der Pädagogik. Stuttgart: Philipp Reclam jun.

BECKER, GEROLD; HEISTERBERG, WERNER; U. A. (HRSG.) (2008): Disziplin. Sinn schaffen – Rahmen geben – Konflikte bearbeiten. Friedrich Jahresheft 2002. Seelze: Friedrich Verlag

FEND HELMUT (2008): Neue Theorie der Schule. Einführung in das Verstehen von Bildungssytemen. 2. durchgesehene Auflage. Wiesbaden: VS Verlag für Sozialwissenschaften

FRIEDRICHS, JÜRGEN (1990): Methoden empirischer Sozialforschung. 14. Auflage. Opladen: Westdeutscher Verlag

FREUD, SIGMUND (2009): Einführung in die Psychoanalyse. Abriß der Psychoanalyse. Einführende Darstellungen. Einleitung von F.-W. Eickhoff. Frankfurt am Main: Fischer Taschenbuch

GARZ, DETLEF (2008): Sozialpsychologische Entwicklungstheorien. Von Mead, Piaget und Kohlberg bis zur Gegenwart. 4. Auflage. Wiesbaden: Vs Verlag für Sozialwissenschaften Springer Science und Business Media

GEISLER, WOLFGANG (2007): Nur Kooperation hilft weiter. Wie sich Schul- und Sozialpädagogik ergänzen. In: Pädagogik: 59. Jahrgang. Heft 7-8. Juli-August

GEO WISSEN: Die ideale Schule. Was Jungen und Mädchen optimal fördert. Heft Nr. 44, 2009

GOETZE, HERBERT (2010): Schülerverhalten ändern. Bewährte Methoden der schulischen Erziehungshilfe. Stuttgart: Kohlhammer

GUDJONS, HERBERT (2001): Pädagogisches Grundwissen. Überblick – Kompendium – Studienbuch. 7. völlig neu bearbeitete und aktualisierte Auflage. Bad Heilbrunn: Klinkhardt

HELSPER, WERNER; BÖHME, JEANETTE (HRSG.) (2008): Handbuch der Schulforschung. 2., durchgesehene und erweiterte Auflage. Wiesbaden: Vs Verlag für Sozialwissenschaften

JONAS, K.; STROEBE, W.; HEWSTONE, M. (HRSG.) (2007): Sozialpsychologie – Eine Einführung. 5. vollständig überarbeitete Auflage. Heidelberg: Springer

JURKOWSKI, SUSANNE; HÄNZE, MARTIN (2008): Lernziel: Miteinander klarkommen. Kooperativer Gruppenunterricht fördert und fordert soziale Kompetenzen. In: Individuell lernen – kooperativ arbeiten. Seelze: Friedrich Verlag, S. 21–23

KAISER, ARNIM; KAISER, RUTH (2001): Studienbuch Pädagogik. Grund- und Prüfungswissen. 10., überarbeitete Auflage. Berlin: Cornelsen

Kieserling, André (2004): Selbstbeschreibung und Fremdbeschreibung. Beiträge zur Soziologie soziologischen Wissens. Frankfurt am Main: Suhrkamp

Klippert, Heinz (1998): Kommunikations –Training. Übungsbausteine für den Unterricht. 4., neu ausgestattete Auflage. Weinheim und Basel: Beltz

Klippert, Heinz (1997): Methoden – Training. Übungsbausteine für den Unterricht. 6. unveränderte Auflage. Weinheim und Basel: Beltz

Koller, Hans-Christoph (2010): Grundbegriffe, Theorien und Methoden der Erziehungswissenschaft. Eine Einführung. 5. Auflage. Stuttgart: Kohlhammer

Krüger, Heinz-Hermann (2006): Einführung in Theorien und Methoden der Erziehungswissenschaft. 4., durchgesehene Auflage. Opladen: Verlag Barbara Budrich

Mahlmann, Regina (2000): Konflikte managen. Psychologische Grundlagen, Modelle und Fallstudien. 2. Auflage. Weinheim und Basel: Beltz

Meyer, Hilbert (2004): Was ist guter Unterricht? 2., durchgesehene Auflage. Berlin: Cornelsen

Müller, Andreas (2007): Wenn nicht ich, …? Und weitere unbequeme Fragen zum Lernen in Schule und Beruf. 2. Auflage. Bern: h.e.p

Mussen, Paul H.; Conger, John J.; u. a. (1999): Lehrbuch der Kinderpsychologie. Band 1. Stuttgart: Klett-Cotta

Mussen, Paul H.; Conger, John J.; u. a. (1999): Lehrbuch der Kinderpsychologie. Band 2. Stuttgart: Klett-Cotta

Pädagogik (Januar 2010) (Hrsg.): Teamarbeit und Unterrichtsentwicklung. 62. Jahrgang, Heft 1. Weinheim: Beltz

Olweus, Dan (1973): Hackkycklingar och översittare: Forskning om skolmobbning. Stockholm: Almqvist&Wiksell

Olweus, Dan (1993): Bullying at school: What we know and what we can do. Oxford: Blackwell

Perlers, F.; Bruder, R.; u. a. (2003): Das eigene Tun beobachten. Aufgaben zur Förderung von Selbstregulation und Problemlösen. In: Aufgaben. Lernen fördern – Selbstständigkeit entwickeln. Seelze: Friedrich Verlag, S. 66-79

Schiffler, Horst; Winkeler, Rolf (2011): Tausend Jahre Schule. Eine Kulturgeschichte des Lernens in Bildern. Stuttgart: Belser

Schönpflug, Wolfgang; Schönpflug, Ute (1997): Psychologie. Allgemeine Psychologie und ihre Verzweigungen in die Entwicklungs-, Persönlichkeits- und Sozialpsychologie. Ein Lehrbuch für das Grundstudium. 4. Auflage. Weinheim: Beltz

Schulsozialarbeit Wiesbaden (Hrsg.) (2008): Kompetenz-Entwicklungs-Programm im Über-gang Schule-Beruf. Ein Programm zur Verbesserung der Perspektiven für Hauptschülerinnen und Hauptschüler. Wiesbaden

Slavin, Robert E. (1995): Cooperative learning. Boston: Allyn and Bacon

STRAUB, JÜRGEN; KEMPF, WILHELM; WERBIK, HANS (HRSG.) (2005): Psychologie. Eine Einführung. Grundlagen, Methoden, Perspektiven. 5. Auflage. München: Deutscher Taschenbuchverlag

WINTERHOFF, MICHAEL (2011): Tyrannen müssen nicht sein. Warum Erziehung allein nicht reicht – Auswege. München: Goldmann

WINTERHOFF, MICHAEL; THIELEN, ISABEL (2011): Persönlichkeiten statt Tyrannen. Oder: Wie junge Menschen in Leben und Beruf ankommen. München: Goldmann

ZIMBARDO, PHILIP G.; GERRING, RICHARD J. (2008): Psychologie. 18. aktualisierte Auflage. München: Pearson Studium

Internetlinks

http://www.all-in-one-spirit.de/werkzeuge/zukunftskonferenz.htm

STEPPICH, GÜNTER (2013): Handbuch Jugendmedienschutz: http://www.medien-sicher.de/jms/Handbuch_Jugendmedienschutz.pdf

STEPPICH, GÜNTER: Medienfortbildung vom Hessischen Kultusministerium in 17 Teilen http://www.youtube.com/watch?v=DPAYnyUl0_U&list=PL8ACC0F249B462FBB

Register

A

Aggressionen 11, 134
Anerkennung 27, 58, 63, 109, 111, 113, 134, 135, 140
Atmosphäre 40, 44, 45, 46, 56, 59, 103, 110, 134
Aufmerksamkeit 16, 18, 20, 25, 27, 57, 82, 110, 119, 121

B

Beratungsfunktion 70
Beziehung 7, 10, 22, 23, 24, 25, 26, 28, 30, 34, 44, 59, 92, 112, 135
Beziehung, pädagogische 22, 23, 24, 25, 26, 27
Beziehungsebene 7, 22, 23, 24
Beziehungskompetenz 22, 23, 24, 25
Bezugsperson 25
Bullying 123, 124, 126, 127, 136, 138
Burnout-Syndrom 24

C

Cyber-Bullying 123, 126, 127, 136
Cybermobbing 8, 120, 121, 123, 124

D

Diagnosebogen 13, 14, 15
Diagnostizieren 117
Differenzieren 117
Disziplinprobleme 6
Doppel-U-Anordnung 86, 87

E

E-Anordnung 88
Ehrlichkeit 26, 27
Eltern 7, 11, 17, 18, 19, 21, 23, 28, 29, 30, 31, 35, 40, 48, 68, 73, 102, 116, 117, 119, 121, 125, 126, 131, 132, 134, 135
Elternabend 28, 32

Elternanschreiben 28, 29, 30
Elternverhältnis 28, 30
Erwartungen 5, 51
Erziehung 22, 61, 117, 120, 134, 135, 139

F

Fallbeispiele 20, 21
Familienverhältnisse 20
Fragebogen 37, 38, 39, 42, 43, 127, 128, 129, 130, 131, 132
Fremdwahrnehmung 103
Freude-/Kummerkasten 69, 71
Freundlichkeit 27, 30
Frontale Anordnung 90

G

Geistige Abwesenheit 11
Gemeinschaft 6, 18, 22, 35, 45, 46, 51, 52, 53, 73, 75, 80, 127, 132
Gemeinschaftsgefühl 100, 110
Gruppe 17, 18, 33, 34, 35, 36, 37, 40, 41, 42, 47, 63, 65, 66, 68, 69, 75, 80, 89, 92, 93, 95, 96, 97, 100, 102, 103, 113, 121, 122, 125, 126, 129, 130, 131
Gruppenarbeit 7, 92, 93, 95, 97
Gruppenbildung 33, 92, 93, 95, 96, 97
Gruppendynamik 7, 64
Gruppentisch-Anordnung 89

H

Hausaufgaben 17, 19
Hilflosigkeit 6, 60, 78
Höflichkeit 27, 30

I

Internet 5, 8, 120, 121, 122, 123, 124, 126, 135, 136
Internet, mobiles 123

K

Klassendienste 63, 64, 116
Klassenfahrt 20, 52, 72, 73, 74, 117, 129, 131
Klassenführungskompetenz 23
Klassengemeinschaft 8, 11, 12, 20, 22, 34, 36, 44, 45, 51, 52, 58, 59, 75, 79, 91, 103, 113, 120, 128, 132
Klassenklima 7, 23, 40, 44, 45, 46, 53, 54, 58, 59, 83, 92, 117
Klassenlehrer 12, 20, 23, 29, 33, 40, 58, 72, 109, 117, 119, 135
Klassenleiter-/Klassenratsstunde 36
Klassenmanagement 22, 23, 133
Klassenrat 71, 91
Klassenratsstunden 12, 21, 71
Klassenregeln 75, 116
Klatschen 79, 80
Klima 40, 44, 45
Kompetenzen 55, 57, 62, 127, 137
Kontrollinstrument 12
Kreisanordnung 86, 87
Kummerkasten 69, 70, 71

L

Lärmampel-Methode 80, 81
Lebensumfeld 58
Lehrer-Elternverhältnis 28, 29, 30, 31
Lehrer-Schülerverhältnis 24, 25, 26, 27
Lehrerverhalten 16, 32
Lehrerwechsel 24, 32
Lehr-Lern-Prozess 9
Lernen, kooperatives 92
Lernerfolg 25, 93
Lernkompetenz 55
Lernschwierigkeiten 16
Lernvertrag 116, 118

M

Manipulation 133
Mediennutzungsverhalten 123

Methode

Methode 6, 7, 8, 12, 32, 36, 75, 78, 79, 80, 81, 82, 83, 95, 97, 134, 137, 138, 139
Methodenvielfalt 117
Miteinander 6, 44, 45, 46, 72, 106, 136, 137
Mobbing 44, 120, 121, 122, 123, 124, 126, 127, 128, 130, 132, 135, 136
Mobbing-Opfer 120, 126, 132
Moralentwicklung 60, 136
Moralstufen 60, 115

N

Namen 34, 35, 36, 39, 40, 41, 42, 69, 73, 74, 109, 111, 124
Namenlernen 40, 41
Noten 25

O

Objektivität 12, 24
Offenheit 27, 30, 45, 55

P

Platzdeckchen-Methode 93
Plus-/Minus-Liste 82, 83
Prävention 8, 120, 121, 127, 132
Problemlösekompetenz 56

R

Regeln 19, 33, 39, 44, 47, 49, 56, 60, 69, 73, 75, 76, 83, 84, 95, 99, 102, 112, 115, 116
Regelverstöße 75, 76
Regulation 7, 8, 82, 97, 103, 109, 114
Regulierung 75, 92
Respekt 27, 30, 45, 48, 50, 130
Reziprokes Lesen 93, 94
Rollenspiele 7
Rückmeldung 63, 70, 80, 81, 103, 109, 110

S

Schulgemeinschaft 19, 22, 40
Schullaufbahn 19
Schwächen 57, 104, 105, 106, 111, 112
Selbstkompetenz 7
Selbstkontrolle 120
Selbstreflexion 8, 57, 77, 120
Selbstregulation 8, 102, 103, 114, 138
Selbstregulierung 33, 75, 117
Selbstwahrnehmung 61, 103, 110
Sitzordnung 34, 81, 83, 84, 85, 86, 88, 90, 91, 92
Sitzplatzwechsel 84, 91
Soziales Netzwerk 122, 123, 135
Sozialkompetenz 5, 6, 134
Sozialverhalten 8, 33, 54, 55, 62, 92, 120, 135
Soziometrischer Test 23, 34, 35, 36, 37, 127
Spiele 41, 65, 66, 67, 68, 85, 112
Stärken 57, 104, 105, 106
Steckbrief 41, 42, 43
Störung 6, 8, 9, 10, 11, 12, 16, 17, 18, 33, 57, 75, 78, 79, 80, 81, 82, 83, 101, 114, 133
Störungen, akustische 11
Störungen, motorische 11
Stuhlkreis 34, 35, 36, 40, 110, 112

T

Team 17, 22, 44, 64, 65, 72, 73, 83, 97, 100, 103, 113, 127, 132, 134
Teambildung 64, 72
Teamkompetenz 56
Teamspiele 64
Test 34, 35, 36, 37, 38, 39

U

U-Anordnung 86, 87
Unterrichtsstörungen 5, 7, 8, 9, 10, 12, 13, 14, 16, 75, 77, 98, 133, 135, 136
Unterstützung 20, 27, 79, 97, 103, 110, 114, 123, 134

V

Verantwortung 7, 20, 27, 51, 60, 62, 63, 64, 72, 103, 113, 114, 116, 142
Verantwortungsübernahme 62, 63, 103, 116, 117, 134
Verhaltensbewertung 109
Verhaltensstörung 9
Verstöße gegen die Hausordnung 11
Verweigerung 11
Vorbilder 6, 19, 102
Vorbildfunktion 46

W

Wandertage 72, 97
Web 2.0 123
Wirkungskreis 18, 19, 114
World Cafe 97, 98, 99

Z

Zukunftskonferenz 100, 101
Zusammenarbeit 18, 28, 29, 63, 64, 91, 132